초등필수어휘

우리말
관용어

일러두기

1. 이 책에서는 우리말 관용어 81개를 다루고 있다. 우리가 가장 많이 쓰는 기본적인 관용어이다. 초등학교 때부터 이 정도의 관용어를 익혀 두면 앞으로 우리말 공부에 많은 도움이 될 것이다.
2. 관용어가 실제 이야기 속에서 어떻게 쓰이는지 81개의 일화를 본문으로 실었다. 이 일화들은 세계 유명 인사들의 재미있고 감동적인 일화들로서, 아이들에게 교양을 길러 주고 교훈을 줄 수 있는 일화들이다. 알려지지 않은 일화들이 많아 어른들에게도 큰 재미와 감동을 줄 수 있으리라 믿는다.
3. 마지막으로 관용어의 뜻을 풀이하고 예문을 달아 놓았다. 본문에서 문맥상으로 짐작한 관용어의 뜻을 한 번 더 확인하고 완전히 자기 것으로 소화할 수 있도록 배려한 것이다.

초등 필수 어휘

우리말 관용어

정재윤 지음

여는 글

관용어, 같은 말이라도 더 맛깔나게

어떤 회사의 면접시험을 치르고 나온 사람에게 친구가 묻습니다.

"어떻게 됐니?"

"미역국 먹었어."

어떻게 되었단 말일까요? 그 회사에서 점심으로 미역국을 주기라도 한 걸까요?

'미역국 먹었다'는 말은 '시험에서 떨어졌다'는 뜻입니다. '미역국'이라는 낱말과 '먹었다'라는 낱말의 뜻을 알고 있더라도 이런 뜻임을 알 수는 없습니다. 이처럼 여러 낱말로 이루어져 있으면서 그 낱말들의 뜻과는 다른, 특별한 뜻을 갖는 말을 '관용어'라고 합니다.

그럼, 관용어는 왜 사용할까요? '미역', 그러면 어떤 느낌이 드나요? '미끈미끈', '주르륵' 이런 느낌들이 들지요? 그래

서 '미역국을 먹었다'고 하면 시험에서 '주르륵' 하고 아주 심하게 미끄러진 느낌이 듭니다. 그냥 떨어졌다고 할 때보다 훨씬 더 실감나게 들립니다. 관용어를 사용하면 이렇게 같은 말이라도 더 실감나고 더 효과적으로 표현할 수 있습니다.

  전문적으로 글을 쓰는 작가들은 관용어를 즐겨 사용합니다. 그래서 관용어의 뜻을 모르면 글의 뜻을 제대로 이해할 수 없습니다. 거꾸로 관용어의 뜻을 알고 있으면 자기의 생각도 더 맛깔나게 표현할 수가 있습니다.

  이 책에는 유명 인사들의 재미있고 감동적인 이야기 81편이 실려 있습니다. 이야기들을 읽어 나가다 보면 관용어 공부도 덩달아 할 수 있게 꾸며져 있습니다. 이 책으로 관용어 공부뿐만 아니라, 상식 공부와 마음 공부까지 함께 할 수 있다면 좋겠습니다.

정재윤

차례

여는 글 관용어, 같은 말이라도 더 맛깔나게 4

ㄱ

가닥을 잡다 10	고개를 돌리다 30
가슴에 멍이 들다 12	고개를 들다 32
가슴에 새기다 14	골머리를 썩이다 34
가슴을 치다 16	골머리를 앓다 36
가슴이 뜨끔하다 18	귀가 따갑다 38
가슴이 무너져 내리다 20	귀가 번쩍 뜨이다 40
각광을 받다 22	귀를 의심하다 42
고개 하나 까딱하지 않다 24	귀에 못이 박히다 44
고개가 수그러지다 26	기를 쓰다 46
고개를 꼬다 28	

ㄴ

날개가 돋치다 48
눈살을 찌푸리다 50
눈앞이 캄캄하다 52
눈에 밟히다 54
눈에 불을 켜다 56
눈에 이슬이 맺히다 58
눈에 차다 60
눈을 의심하다 62
눈이 번쩍 뜨이다 64
눈이 빠지게 기다리다 66
눈이 트이다 68
눈코 뜰 사이 없다 70

ㅁ

마음을 붙이다 72
맥이 풀리다 74
머리가 잘 돌아가다 76
머리를 굴리다 78
머리를 싸매다 80
머리를 쥐어짜다 82
머리에 서리가 앉다 84
목에 힘이 들어가다 86
몸을 던지다 88
무릎을 치다 90
물 만난 고기 92
미역국을 먹다 94

ㅂ	
바람을 일으키다	96
발 벗고 나서다	98
발길이 끊어지다	100
불을 보듯 훤하다	102
빛을 보다	104
뼈를 깎다	106

ㅅ	
세상을 떠나다	108
속에서 불이 나다	110
속이 타다	112
손에 땀을 쥐다	114
손을 내밀다	116
손을 놓다	118
손을 맞잡다	120
숨 쉴 사이 없다	122
숨을 거두다	124
시치미를 떼다	126

ㅇ

어깨가 처지다	128
어깨를 겨루다	130
어깨를 짓누르다	132
어깨에 힘을 주다	134
엉덩이가 근질근질하다	136
입에 달고 다니다	138
입에 풀칠하다	140
입에서 신물이 나다	142
입을 딱 벌리다	144
입을 맞추다	146
입을 모으다	148
입이 귀밑까지 찢어지다	150

ㅈ

줄행랑을 치다	152
찬물을 끼얹다	154

ㅋ

코웃음을 치다	156
콧방귀를 뀌다	158

ㅍ

풀이 죽다	160
피가 마르다	162

ㅎ

하늘이 캄캄하다	164
한술 더 뜨다	166
혀를 내두르다	168
혀를 내밀다	170

가닥을 잡다

뜻이 있는 곳에 길이 있다 - 로버트 크랜들

아메리칸 항공이 어려워졌을 때입니다. 회장 로버트 크랜들은 어떻게 하면 회사를 다시 일으켜 세울 수 있을까 고민하다가, 회사에서 쓰는 돈을 줄이는 방향으로 가닥을 잡았습니다.

로버트는 먼저 기름이 적게 드는 비행기로 비행기를 모두 바꾸었습니다. 비행기의 겉면에는 항공사 마크만 그려 넣고, 페인트칠을 하지 않았습니다. 그러자, 페인트 비용도 줄고, 비행기 무게가 200킬로그램이나 가벼워져 항공기 1대당 해마다 1만 2천 달러에 가까운 연료비를 아낄 수 있었습니다. 비행기 의자와 여러 기구들도 모두 가벼운 재질로 바꾸고, 베개와 담요도 작고 얇은 것으로 바꾸었습니다. 그러자 해마다 22만 달러를 아낄 수 있었습니다.

화물 창고 경비도 두 명에서 한 명으로 줄이고, 나중

에는 그것도 이틀에 한 번씩만 경비를 서도록 했습니다. 이것도 1년 후에는 경비원 대신 개로 바꾸었다가 다시 1년 뒤에는 개 짖는 소리로 바꾸었답니다.

어느 날, 로버트가 비행기 안에서 주는 기내식을 먹게 되었습니다. 그런데 음식량이 혼자 먹기에는 좀 많았습니다. 로버트는 먹다 남은 양상추를 비닐봉지에 담아 기내식 담당자에게 건네주며 말했습니다.

"샐러드 양을 좀 줄이게. 그리고 올리브 열매는 빼도 되겠어."

이런 식으로 아메리칸 항공은 음식물 낭비를 크게 줄여서, 매년 7만 달러의 기내식 비용을 절감할 수 있었습니다.

"절약할 마음만 있다면 방법은 있기 마련이란다."

로버트의 어머니는 늘 이렇게 말씀하셨다고 합니다. 그리고 로버트는 지금도 이 말을 믿는다고 합니다.

가닥을 잡다 어떤 일이나 생각 등을 이치에 맞게 정리한다는 뜻.
⋯ 김 선생님은 무슨 말부터 꺼내야 할지 가닥을 잡을 수가 없었어요.

가슴에 멍이 들다

색깔을 보지 못하는 화가 - 닐 하르비손

"저 꽃 좀 봐. 빨간색이 너무 예뻐!"

"그 위에 노랑나비가 앉았어. 색깔이 너무 잘 어울려."

친구들의 말을 닐은 이해할 수가 없었습니다. 닐에게는 모두 같은 색으로 보였거든요. 단지 더 짙은 회색과 더 옅은 회색으로.

엄마는 11살이 된 닐을 데리고 병원에 갔습니다. 의사 선생님이 말씀하셨습니다.

"닐은 색맹이에요. 색깔을 볼 수 없어요. 모든 것이 검은색과 흰색, 회색으로만 보일 겁니다."

엄마는 가슴에 멍이 들었습니다. 닐의 꿈은 화가가 되는 것이었거든요. 그런데 엄마의 생각과는 달리 닐은 꿈을 포기하지 않았습니다. 닐은 미술 대학교 학생이 되었습니다. 그러나 색맹이 화가가 된다는 것은 쉽지 않은 일이었습니다. 포기해 버릴까 생각도 했습니다.

　이런 닐 앞에 인공 지능학을 연구하는 아담 교수가 나타났습니다. 아담 교수는 청각이 뛰어난 닐을 위해 '아이보그'를 만들어 주었습니다. 아이보그는 색깔이 지니고 있는 고유한 파장을 주파수로 바꾸어 읽어 내는 기계입니다. 닐은 아이보그와 함께 색깔을 눈으로 보는 대신 귀로 듣는 연습을 했습니다.

　피나는 연습 끝에 닐 하르비손은 전 세계에 하나밖에 없는 색맹 화가, 360가지가 넘는 색깔을 눈으로 보지 않고 귀로 듣는 화가가 되었습니다.

　나이, 학벌, 환경, 장애, 성별, 돈, 인종, 출신 등등, 세상에는 넘지 못할 장애물이 참 많아 보입니다. 그러나 역경은 많을지라도 한계는 없습니다. Impossible(할 수 없다)과 I'm possible(할 수 있다)은 점 하나의 차이에 지나지 않습니다.

가슴에 멍이 들다　마음속에 쓰라린 고통과 모진 슬픔이 맺혔다는 말.
…▸ 딸이 죽었다는 소식을 듣고 아빠 가슴에는 멍이 들었어요.

가슴에 새기다

아름다운 나비 – 장 크레티앙

장 크레티앙은 1934년 캐나다 퀘벡에서 태어났습니다. 장은 어렸을 때, 귓병을 앓아 한쪽 귀가 들리지 않게 되었습니다. 집안이 몹시 가난했기 때문에 제때에 치료를 받지 못한 장은 결국 왼쪽 얼굴 근육을 움직이지 못하게 되고 말도 잘하지 못하게 되었습니다. 그래서 친구들은 늘 장을 놀리고 따돌렸습니다.

그때마다 장의 어머니는 장에게 힘을 주었습니다.

"장, 아름다운 나비들은 모두 힘든 시간을 보낸단다. 하지만 초라한 고치를 뚫고 나와야 아름다운 미래를 갖게 되는 거야."

장은 어머니의 말을 가슴에 새겼습니다. 그리고 말을 잘 못하는 자신을 부끄러워하는 대신, 입안에 작은 돌멩이를 넣고 말하는 연습을 시작했습니다. 오랜 시간이 걸리고 발음도 그리 좋지 않았지만 마침내 장은 말을 할 수 있게 되었습니다.

장은 우수한 성적으로 대학교를 졸업하여 변호사가 되었고 스물아홉 살의 나이로 하원의원에 당선되었습니다.

장이 총리 선거에 나섰을 때였습니다. 누군가 소리쳤습니다.

"한 나라를 대표하는 총리가 말을 잘 못해서야 되겠습니까?"

그러자, 장은 대답했습니다.

"저는 발음은 잘 못하지만, 거짓말은 하지 않습니다. 저의 생각과 의지를 들어 주셨으면 합니다. 저는 국가와 국민을 이끄는 아름다운 나비가 되겠습니다."

캐나다 국민들은 정직하고 성실한 장에게 감동하여 장을 세 번이나 캐나다의 총리로 뽑았습니다.

가슴에 새기다 잊어버리지 않도록 단단히 마음에 기억해 둔다는 뜻.
⋯▶ 똘이는 약한 친구를 도와야 한다는 선생님의 말씀을 가슴에 새겨 두었어요.

가슴을 치다

불행을 이해하기 – 세바스치앙 살가두

사진가 세바스치앙 살가두는 원래 경제학을 공부하려고 했습니다. 그런데 1971년, 커피 농장을 찾아서 아프리카에 갔다가 엄청난 굶주림과 목마름으로 고통 받는 사람들을 보았습니다. 세바스치앙은 이것을 세상에 알리기 위해 사진기를 들었습니다.

세바스치앙은 힘들고 어렵게 육체노동을 하는 사람들을 사진에 담았습니다. 세바스치앙의 사진 속에는 진흙탕 속에서 금을 캐는 사람들도 있고 죽을힘을 다해 참치를 잡는 사람들도 있습니다. 전쟁을 피해 다른 나라로 도망치는 피난민들도 나오고 가난을 피해 농촌에서 대도시로 몰려드는 피난민들도 나옵니다. 한결같이 힘들고 어렵게 사는 사람들입니다. 사람들의 비참한 모습과 괴로운 표정은 모두 보는 사람의 가슴을 칩니다.

그러나 세바스치앙은 사진을 통해 그 사람들이 불쌍

하다는 말을 하려는 것이 아닙니다. 그 사람들이 매우 훌륭하다는 말을 하려는 것도 아닙니다. 단지 그 사람들의 삶이 어떠한지 보여 주고, 그 사람들도 우리와 똑같은 사람이라는 이야기를 하려는 것뿐입니다. 지금은 이렇게 힘들게 살지만 그 사람들도 언젠가는 행복하게 살 수 있다는 희망을 보여 주려는 것이지요.

"내 사진을 보고 많은 사람들이 그 사람들을 이해해 주기를 바라요."

세바스치앙의 사진에 담긴 어린아이는 지금은 세상을 떠나고 없습니다. 노파는 결국 눈이 멀었고, 총에 맞은 인부도 있습니다. 세바스치앙은 그 사람들의 모습을 그 사람들 대신 그저 사진으로 남겨 두고 싶었을지도 모릅니다. 그 사람들이 외치는 모습을 말이지요.

'우리 여기 이렇게 살고 있어요. 바로 여러분 곁에 우리도 살고 있답니다.'

가슴을 치다 크게 놀라거나 슬플 때에 쓰는 말.
⋯▶ 그 할머니의 슬픈 이야기는 온 국민의 가슴을 치는 것이었어요.

가슴이 뜨끔하다

배려하는 마음이 가져다 준 것 - 미우라 아야코

미우라 아야코는 〈빙점〉이라는 소설로 유명한 일본의 소설가예요. 우리나라에도 많이 알려진 작가입니다.

아야코가 유명해지기 전에는 남편의 수입만으로 살림을 해야 했는데, 쉽지가 않았습니다. 그래서 아야코는 생활에 도움이 되고자 조그만 구멍가게를 차렸습니다. 돈을 많이 벌려고 시작한 가게는 아니었는데, 뜻밖에 장사가 아주 잘됐습니다. 가게에서 파는 물건들을 트럭으로 사와야 할 정도였습니다.

그런데 어느 날, 남편이 아야코에게 말했습니다.

"우리 가게가 너무 잘돼서 이웃 가게들이 문을 닫을 지경이래요. 우리가 생각했던 게 이런 건 아니었는데 말이오."

남편의 말을 듣자, 아야코는 가슴이 뜨끔했습니다.

'장사가 잘된다고 좋아했는데, 나 때문에 이웃들은 어

렵게 살고 있었구나.'

아야코는 자기 가게에서 팔지 않을 물건을 정하고, 그 물건은 가게에 아예 들여놓지 않았습니다. 그 물건들을 찾는 손님이 오면 이웃 가게로 보냈습니다.

그러자, 바쁘기만 했던 아야코에게 여유가 생겼습니다. 평소 문학에 관심이 많았고, 글쓰기를 좋아했던 아야코는 본격적으로 소설을 쓰기 시작했습니다. 그 소설이 바로 〈빙점〉입니다.

아야코는 〈빙점〉을 신문사 공모전에 보냈는데, 일등상에 뽑히고 베스트셀러가 되었습니다. 덕분에 가게에서 번 돈보다 더 많은 돈을 벌었습니다. 이제 가게 주인이 아니라 유명한 소설가가 되었습니다. 이 모든 것이 아야코가 이웃을 생각하는 따뜻한 마음 덕분이 아니었을까요?

가슴이 뜨끔하다 어떤 말을 듣고 깜짝 놀라거나 잘못했다고 느꼈을 때 쓰는 말.

⋯ 가슴이 뜨끔했지만 영수는 아무렇지도 않은 척했습니다.

가슴이 무너져 내리다

다리 없는 미녀 – 에이미 멀린스

한 아이가 태어났습니다. 그런데 아이를 본 부모님의 가슴이 무너져 내렸습니다. 아이에게는 두 다리의 종아리뼈가 없었습니다. 의사의 한 마디.

"그대로 두면 아이는 평생 휠체어를 타고 지내야 합니다. 아니면 무릎 아래쪽을 잘라내고 의족을 해야 합니다."

의족이란 나무나 고무 등으로 만든 가짜 다리를 말합니다. 아이의 부모는 무릎 아래를 잘라 내기로 합니다.

아이는 의족을 달고 열심히 걷기 연습을 했습니다. 보통 아이들과 똑같이 달리기, 축구, 자전거 타기, 수영, 스키를 열심히 연습했습니다. 공부도 열심히 해서 아이는 나라에서 주는 장학금을 받고 조지타운 대학교에 들어갔습니다.

아이는 육상 선수가 되고 싶었습니다. 아이는 치타의

뒷다리를 본떠 만든 의족을 달고 100미터 달리기와 멀리뛰기 시합에 나갔습니다. 장애인 처음으로 대학교 대표 선수가 되었고, 장애인 세계 기록을 세웠습니다. 이 아이가 바로 에이미 멀린스입니다.

하루는 한 패션 디자이너가 에이미에게 패션모델로서 달라고 부탁했습니다. 나무로 만든 의족을 신은 에이미는 너무나 당당했습니다. 세계에서 가장 아름다운 여인 50명 가운데 하나로 뽑힌 에이미는 수많은 잡지의 표지 모델이 되었고, 배우로도 일하고 있습니다.

사람들은 에이미를 보고 이렇게 말합니다.

"당신은 조금도 장애인처럼 생기지 않았군요."

에이미는 그럼 이렇게 대답합니다.

"저는 의족 덕분에 키도 내 마음대로 키웠다 줄였다 할 수 있답니다. 보통 사람들보다 훨씬 더 많은 가능성을 지니고 있지요."

가슴이 무너져 내리다 너무나 심한 충격을 받아 마음을 가라앉히기 힘들다는 뜻.

⋯▸ 어머니는 편지를 읽고 가슴이 무너져 내리는 것 같았습니다.

각광을 받다

상대의 고통을 가슴으로 끌어안다 – 오프라 윈프리

토크쇼의 여왕, 미국 흑인 최초의 억만장자, 잡지와 케이블 TV, 인터넷까지 거느린 엔터테인먼트 그룹의 대표, 모두가 오프라 윈프리를 나타내는 말들입니다.

1954년 미시시피에서 태어난 오프라는 여섯 살 때까지 외할머니와 함께 살았습니다. 겨우 18세였던 엄마는 파출부로 일해야 했기 때문에 오프라를 잘 돌볼 수가 없었습니다. 오프라는 못된 친구들과 어울려 놀며 나쁜 짓을 많이 했습니다.

오프라는 고등학교 때 어느 미인 대회에서 1위를 차지하면서 달라지기 시작했습니다. 이 일을 계기로 텔레비전 뉴스의 앵커로 방송을 시작하게 된 것이지요.

방송을 시작한 지 얼마 안 된 어느 날, 오프라는 화재 사건의 취재를 나가게 되었습니다. 현장에 도착해 보니 건물은 이미 모두 불에 타 버렸고 자식을 잃은 부모가

슬픔에 잠겨 울고 있었습니다.

다른 사람이라면 그 부모에게 마이크를 들이대고 화재가 어떻게 일어났는지, 지금의 심정은 어떠한지 물었을 것입니다. 하지만 오프라는 그러지 않았습니다. 그저 그 부모를 가슴에 끌어안고 말했습니다.

"지금 두 분의 심정이 어떤지 잘 압니다. 아무 말씀 안 하셔도 됩니다."

오프라는 어려운 처지에 있는 사람들의 마음을 잘 알아주었습니다. 이런 마음씨 덕분에 오프라는 점점 더 유명해졌습니다. 나중에는 〈오프라 윈프리 쇼〉를 맡으면서 방송계에서 각광을 받게 되었지요.

"듣는 것이란 귀를 이용하여 다른 사람들의 마음과 소통하는 것입니다. 말을 잘하기보다 타인의 말을 잘 듣는 태도가 나의 성공 비결입니다."

각광을 받다 많은 사람들의 주의를 끌고 관심을 받는다는 말.
⋯ 우리 회사의 신제품이 해외 시장에서 각광을 받기 시작했다.

고개 하나 까딱하지 않다

좋은 사람을 찾아라 – 빌 게이츠와 아눕 굽타

컴퓨터의 황제 빌 게이츠는 마이크로소프트 회사를 차리고 윈도 프로그램을 개발하여 큰 성공을 거두었습니다. 빌 게이츠가 이런 성공을 거둔 것은 책을 많이 읽었기 때문이라고도 하고, 훌륭한 어머니와 아버지를 둔 덕분이라고도 합니다. 그러나 정말 중요한 것은, 훌륭한 인재가 있으면 어떤 수단을 써서라도 자기 곁에 두었기 때문이라고 합니다.

마이크로소프트 회사가 한참 덩치를 불려 가던 때, 미국의 스탠퍼드 대학에 아눕 굽타라는 인도 출신 컴퓨터 공학자가 있었습니다. 굽타가 훌륭하다는 말을 듣고, 빌 게이츠는 굽타더러 자기 회사로 와 달라고 청했습니다. 그러나 굽타는 싫다고 했습니다. 자기 기술로 자기 회사를 차리고 싶었거든요.

빌 게이츠는 굽타를 설득하려고 전용 비행기를 보내

저녁 식사에 초대했습니다. 그래도 굽타는 거절했습니다. 그런 뒤, 굽타는 동료들과 함께 브이익스트림이라는 회사를 차렸습니다. 굽타는 자기 동료들과 헤어지는 것도 싫었던 것이지요.

빌 게이츠는 계속해서 굽타를 설득했습니다. 굽타는 고개 하나 까딱하지 않았습니다. 돈을 아무리 많이 준다고 해도 소용이 없었습니다. 1년이 흘렀습니다.

"안 되겠어. 그러는 수밖에 없겠어."

빌 게이츠는 굽타가 세운 브이익스트림 회사를 아예 사 버렸습니다. 그리고 굽타에게 지금까지 해 왔던 연구를 계속해서 할 수 있게 했습니다. 그러자 굽타도 할 수 없이 마이크로소프트에서 일하겠다고 했습니다. 더 이상 거절할 핑계가 없었거든요.

지금 굽타는 마이크로소프트 회사의 부사장으로 회사의 발전에 큰 이바지를 하고 있답니다.

고개 하나 까딱하지 않다 생각이 조금도 변하지 않을 때 쓰는 말.

⋯▶ 아버지는 자기 생각이 옳다고 믿었기 때문에, 누가 뭐라고 해도 고개 하나 까딱하지 않았어요.

고개가 수그러지다

150%의 노력 – 카를로스 산타나

세계적인 기타리스트 카를로스 산타나는 멕시코에서 태어났습니다. 일곱 살 때 부모님을 따라 미국으로 이사했으나 영어를 잘하지 못해 힘겨운 학교생활을 해야 했습니다. 어느 날 미술 선생님이 산타나를 교무실로 불렀습니다.

"산타나, 성적이 엉망이구나. 정말 큰일이야. 하지만 미술 성적은 훌륭해. 또 음악에도 재능이 있는 것 같아. 일단 샌프란시스코에 있는 미술 학교에 한번 가 보자. 그곳에 가면 새로운 세상을 볼 수 있을 거야."

며칠 후 선생님은 학생들을 데리고 샌프란시스코에 있는 미술 학교에 갔습니다. 그곳에서 산타나는 다른 사람들이 어떻게 그림을 그리는지 직접 보았습니다. 얼마나 그림을 열심히 그리는지 저절로 고개가 수그러졌습니다. 자신은 도무지 그들을 따라가지 못할 것이라고 뼈저

리게 느꼈습니다. 선생님이 말했습니다.

"더 발전하고자 노력하지 않는 사람은 이곳에 들어올 수 없어. 150% 노력을 하도록 하렴. 네가 무슨 일을 하든 그렇게 노력한다면 반드시 성공할 수 있을 거야."

산타나는 선생님의 말씀을 마음속 깊이 새겼습니다.

산타나는 음악 공부를 하기로 했습니다. 기타 연습을 열심히 해서 훌륭한 기타 연주자가 되었습니다. 그리하여 2000년에는 〈초자연〉이라는 앨범으로 그래미상 시상식에서 8개 부문을 차지했습니다. 산타나는 틈만 있으면 이렇게 말합니다.

"자신이 가진 능력의 50%만 보여 주는 사람들은 아무 데서도 받아 주지 않는다. 내가 가진 능력의 150%를 발휘해야 한다. 그건 지금 무엇을 하든 또 앞으로 무슨 일을 하든 항상 똑같다."

고개가 수그러지다 다른 사람이 너무 훌륭하여 존경하는 마음이 일어난다는 뜻.

⋯▶ 김구 선생님의 나라 사랑하는 마음을 생각하면 저절로 고개가 수그러져요.

고개를 꼬다

종이돈에 실린 거북선 – 정주영

현대 그룹 회장 정주영은 조선소를 세워 커다란 배를 만들고 싶었습니다. 돈이 없었기 때문에 돈을 빌려야 했습니다. 여기저기 알아보다가 영국 은행에서 돈을 빌리기로 했습니다. 그런데 영국 은행에서 돈을 빌리려면 먼저 영국 회사의 추천서가 필요했습니다.

정주영은 영국의 유명한 A&P 애플 도어의 찰스 롱바톰 회장의 추천서를 받기 위해 런던으로 날아갔습니다. 그러나 롱바톰 회장은 고개를 이리 꼬고 저리 꼬기만 했습니다.

"한국에서 그렇게 큰 배를 만들 능력이 있습니까? 믿지 못하겠습니다."

그러자 정주영은 갑자기 바지 주머니에 들어 있던 500원짜리 지폐를 꺼내 테이블 위에 펴 놓았습니다.

"이것은 거북선이라는 배요. 영국보다 300년이나 앞

서서 철로 만든 것이오. 이 거북선으로 일본과의 전쟁에서도 이겼소."

롱바톰 회장은 지폐를 들고 꼼꼼히 살펴보았습니다. 앞면에는 숭례문이 그려져 있고 뒷면에는 거북 모양의 배가 그려져 있었습니다.

"정말로 당신네 선조들이 이 배를 만들어 전쟁에서 사용했다는 말입니까?"

"그렇고말고요! 한국은 그런 대단한 역사와 두뇌를 가진 나라지요. 우리도 돈만 있으면 최고의 배를 만들어 낼 것입니다. 추천서를 써 주십시오."

롱바톰 회장은 지폐를 내려놓고 손을 내밀었습니다.

"좋은 배를 만들어 보시오. 당신네 조상들에게 감사해야 할 겁니다."

500원짜리 지폐 덕분에 정주영은 조선소를 세우고 배를 만들 수 있게 되었습니다.

고개를 꼬다 믿지 못하고 의심하여 고개를 이리저리 돌린다는 말.

⋯ 김 첨지는 금이 있다는 이야기를 해도 고개를 꼬기만 할 뿐이었어요.

고개를 돌리다

37세가 되어서야 벗어난 지옥 – 마르틴 팔레르모

아르헨티나의 축구 선수 마르틴 팔레르모는 부끄러운 기네스 기록을 가지고 있습니다. 1999년 7월 4일 남미 축구 선수권 대회, 콜롬비아와의 경기에서 아르헨티나는 세 번이나 페널티킥을 얻었습니다. 그때마다 마르틴이 페널티킥을 찼지만 세 번 모두 실패하고 말았습니다. 아르헨티나 국민들은 마르틴에게서 철저히 고개를 돌려 버렸습니다.

마르틴은 더 이상 아르헨티나 대표팀의 유니폼을 입을 수 없게 되었지요.

하지만 마르틴은 묵묵히 그리고 열심히 축구 선수 생활을 해 나갔습니다. 보카 팀의 에이스로서 300회 가까이 골도 넣었지요.

그로부터 무려 10년의 세월이 흐른 2009년, 마르틴에게 다시 기회가 찾아왔습니다. 2010 남아공 월드컵 최

종 예선전에 출전하게 된 것이지요. 상대는 페루.

폭우가 쏟아지는 가운데 경기 종료 3분 전 아르헨티나는 치명적인 동점골을 내주고 말았습니다. 추가 시간 3분이 다 지나도록 아르헨티나는 골이 터지지 않아 마치 지옥 같은 시간을 보냈습니다.

바로 이때 마르틴이 찬 공이 극적으로 골대 안으로 들어갔습니다. 비를 맞으며 경기를 지켜보던 수천 명의 관중들과 선수들이 마르틴의 이름을 외쳤습니다. 덕분에 아르헨티나는 남아공에 갈 수 있게 되었습니다.

국민 역적에서 국민 영웅이 되는 데 걸린 시간, 10년. 10년 동안 묵묵히 축구 선수로 뛴 덕에 37세의 나이에 생애 첫 월드컵 출전이라는 선물을 받게 된 마르틴.

"10년 가까이 대표팀에 뽑히지 못한 내가 월드컵에 나갈 수 있으리라고는 꿈에도 생각하지 못했습니다. 모두가 나이 때문에 불가능하다고 했지요. 그러나 나는 희망을 버리지 않았고 그래서 지금 여기에 있습니다."

고개를 돌리다 어떤 사람이나 상황 따위를 상대하지 않고 피하는 것을 뜻하는 말.

⋯ 친구들도 이제 더는 도울 수 없다며 고개를 돌려 버렸어요.

고개를 들다

'나는 점점 더 좋아지고 있다.' – 에밀 쿠에

에밀 쿠에는 프랑스에서 약국을 운영하고 있었습니다. 에밀에게는 며칠 전부터 고개를 드는 의문이 하나 있었습니다.

'왜 같은 약인데, 어떤 사람에게는 효과가 있고, 어떤 사람에게는 효과가 없을까?'

에밀은 곰곰이 생각해 보았습니다. 그러고는 고개를 끄덕였습니다.

'그럴지도 몰라. 실험을 해 봐야겠어.'

에밀은 그날부터 어떤 환자에게는 정말 잘 듣는 약이라고 말을 하면서 약을 팔고, 다른 환자에게는 아무 말도 하지 않고 약을 팔았습니다. 그리고 어떤 환자에게 약이 잘 듣는다고 말을 했는지 꼼꼼하게 적어 두었습니다. 그러고는 그 환자들이 다시 약국을 찾았을 때, 약이 잘 들었는지, 그 약을 먹고 병은 나았는지 일일이 물어

보았습니다. 그랬더니 놀라운 결과를 알게 되었습니다.

"바로 이거야. 분명해. 약이 잘 듣는다고 말을 해 주면 병이 더 잘 낫는 거야. 아무 말도 하지 않으면 그만큼 약효도 없어."

에밀은 환자가 나은 것은 '이 약을 먹으면 반드시 낫는다.'는 믿음 때문이라는 결론을 얻었습니다. 약이라는 물질 때문이 아니라 그 약의 약효를 굳게 믿은 환자의 마음이 병을 낫게 했다는 것입니다.

에밀은 1910년에 치료소를 세웠습니다. 그러고는 찾아오는 환자에게 약을 주는 대신, 자기가 만든 공식을 아침저녁으로 20회씩 외우게 했습니다. '매일매일, 모든 면에서, 나는 점점 더 좋아지고 있다.' 에밀 쿠에의 공식입니다. 여러분도 힘이 들 때가 있나요? 어떤 일이 잘 풀리지 않나요? 그럼 에밀 쿠에의 공식을 외워 보세요.

고개를 들다 힘이 세지거나 움직임이 활발해질 때 쓰는 말.
··▶ 주춤했던 감기가 다시 고개를 들기 시작했어요.

골머리를 썩이다

챔피언의 비밀 무기 – 야마다 혼이치

야마다 혼이치는 1984년 도쿄 국제 마라톤과 1986년 이탈리아 국제 마라톤 대회에서 우승을 한 일본의 마라톤 선수입니다. 기자들이 야마다에게 우승의 비결이 무엇이냐고 물었습니다.

"나는 머리로 달렸습니다."

이게 무슨 말일까요? 마라톤은 40킬로 넘게 달려야 하는 경기입니다. 뛰다 보면 점점 긴장감과 흥분이 사라집니다. 고통도 더 심해집니다. 야마다도 원래는 그랬습니다. 10킬로쯤 뛰다 보면 자기도 모르게 속도가 느려졌습니다. 야마다는 어떻게 하면 끝까지 속도를 낼 수 있을까 하고 골머리를 썩이고 있었습니다.

어느 날, 야마다는 잡지에 실린 기사를 보았습니다.

"우리의 목표는 너무 멀고 힘해 중간에 포기하고 만다. 결국 목표를 이루는 기쁨도 맛볼 수 없다. 하나의 목표를 몇 개의 작은 목표로 나누어 보라. 작은 목표를 하나하나 실현하라."

마라톤의 비밀 같았습니다. 그때부터 야마다는 마라톤 대회가 열리기 전에 차를 타고 미리 코스를 점검하기 시작했습니다. 그리고는 출발점에서 결승점 사이에 있는 눈에 띄는 은행 건물, 빨간 벽돌집, 큰 나무 등등을 작은 목표로 정했습니다.

대회가 시작되면 첫 번째 목표를 향해 온 힘을 다해 달립니다. 첫 번째 목표에 도달하면 다시 두 번째 목표, … 이런 방법으로 야마다는 마라톤 전체 코스를 빠른 속도로 뛸 수 있었습니다.

목표를 너무 멀리 설정하면 목표를 잃을 수도 있습니다. 가다가 딴 길을 갈 수도 있지요. 하지만 하루, 한 달, 일 년, 이렇게 작은 목표를 정해 보세요. 이렇게 하면 큰 목표를 달성하기가 쉽답니다.

골머리를 썩이다   어떤 일로 몹시 애를 쓰며 열심히 생각한다는 뜻.
⋯▶ 그 문제로 골머리를 썩일 필요가 전혀 없다니까.

골머리를 앓다

말이 씨가 된다 – 에드워드 데밍

미국 회사 PIE는 심각한 고민에 빠졌습니다. 이 회사는 고객이 주문한 물건들을 컨테이너에 실어서 고객에게 날라다 주는 회사입니다. 그런데 고객에게 전달할 물품이 자꾸 엉뚱한 곳으로 배달되어 골머리를 앓고 있었습니다. 이렇게 해서 생긴 피해가 1년에 25만 달러에 달했습니다.

회사에서는 어떻게 해서 이런 일이 벌어졌는지 자세히 조사를 해 보았습니다. 그랬더니 그 원인 중 약 56%가 컨테이너 물품을 제대로 분류하지 않아서 비롯된 일이었습니다. 배송 기사들이 물품을 엉뚱한 지역으로 갈 컨테이너에 싣는 경우가 많았던 것이지요. 회사는 어떻게 하면 이런 일을 막을 수 있을까 하고 품질 관리 전문가 에드워드 데밍 박사에게 물었습니다.

데밍 박사가 내놓은 해결책은 너무도 간단했습니다.

"오늘부터 배송 기사들을 '물품 분류 전문가'라고 부르시오."

회사에서는 어이가 없었습니다. 단순히 호칭만 바꾼다고 문제가 해결될까요? 하지만 유명한 데밍 박사의 말을 무시할 수도 없어서 박사의 말을 믿고 따라 보기로 했습니다. 그런데 해결책의 효과는 놀라웠습니다. 한 달 만에 잘못된 배달이 10%로 줄어들었으니까요.

그동안 '기사 아저씨'라고 불렸던 배송 기사들은 물품을 분류할 때 별로 신경 쓰지 않고 대충대충 일을 해 왔습니다. 그런데 '물품 분류 전문가'라고 불리게 되자 전문가답게 일해야 한다는 생각에 일을 제대로 더 열심히 하게 된 것이지요. 단순한 호칭의 차이가 56%와 10%라는 엄청난 차이를 불러온 것입니다.

골머리를 앓다 어떻게 해야 좋을지 몰라서 머리가 아플 정도로 고민할 때 쓰는 말.
⋯ 부모님은 자꾸 거짓말을 하는 동생 때문에 골머리를 앓고 계셨어요.

귀가 따갑다

편지로 마음을 열어라 – 반기문

 2009년 10월, 반기문 유엔 사무총장은 부인과 함께 미국 버지니아 주 알렉산드리아를 깜짝 방문했습니다. 그곳에 살고 있는 플로렌스 투퍼 할머니의 100세 생일을 축하하기 위해서였지요. 반기문을 맞은 할머니는 47년 전의 기억을 떠올리며 말했습니다.

 "인도에서 온 남학생은 문학가가 되고 싶다고 했고, 캐나다 여학생은 간호사가 꿈이라고 했는데, 한국에서 온 반기문 학생은 외교관이 되고 싶다고 말했지요. 키가 크고 아주 튼튼해 보였어요. 반기문 총장을 만나서 정말 기뻐요. 우리는 오랫동안 좋은 친구였답니다."

 고등학교 3학년이던 반기문은 미국 적십자사의 초청으로 한 달 동안 미국을 여행하는 중이었고, 투퍼 할머니는 반기문의 가이드로 일했던 자원 봉사 요원이었습니다. 한국으로 돌아온 후 반기문은 매년 할머니의 생일에 맞춰 축하 카드를 보냈던 것입니다.

2005년, 반기문이 외교부 장관일 때는 미국 샌프란시스코에 사는 리바 패터슨 할머니를 한국에 초청했습니다. 반기문이 미국을 여행할 때 나흘 동안 패터슨 할머니 집에 머물며 신세를 졌는데 이때부터 매년 크리스마스가 되면 꼬박꼬박 안부 편지를 보냈습니다.

반기문은 이처럼 한번 인연을 맺으면 그 사람에게 평생 동안 편지를 보냅니다. 그래서 그 사람을 친구로 만듭니다.

반기문이 한국 사람으로서는 처음으로 유엔 사무총장이 될 수 있었던 까닭은 무엇일까요? 열정? 노력? 그것도 중요하겠지만, 반기문은 후배들을 만나면 귀가 따갑도록 이렇게 말한답니다.

"항상 겸손하게 행동하라. 다른 사람을 먼저 배려하라. 그리고 작은 만남도 평생의 인연으로 이어가라."

귀가 따갑다 너무 여러 번 들어서 듣기가 싫다는 뜻.
⋯➤ 그런 말은 이미 귀가 따갑게 들었습니다.

귀가 번쩍 뜨이다

앞을 못 보는 가수 – 스티비 원더

앞을 보지 못하는 아이가 있었습니다. 갓난아이였을 때, 병원에서 뭔가 잘못되는 바람에 앞을 볼 수 없게 되었답니다.

이 아이에겐 평생 잊지 못할 날이 있습니다. 교실에 쥐가 들어와 한바탕 난리가 났던 날입니다. 어디선가 소리는 들리는데 선생님도 아이들도 쥐가 어디에 있는지 도저히 찾지 못할 때였습니다. 선생님이 이 아이에게 말했습니다.

"네가 한번 찾아볼래? 너는 앞을 보지 못하는 대신 아주 작은 소리도 들을 수 있는 특별한 귀가 있지 않니?"

'나에게 특별한 귀가 있다고?'

아이는 선생님 말씀을 듣고 귀가 번쩍 뜨였습니다. 정말로 그랬습니다. 아이는 아주 작은 소리도 들을 수 있었고, 그게 무슨 소리인지 구별할 줄도 알았습니다. 아무리 어려운 노래라도 한 번만 들으면 그대로 따라 부를 수도 있었습니다. 아이 덕분에 조그마한 생쥐는 금세 붙잡혔습니다.

악보를 보지 못해도 수많은 노래를 그대로 따라 불렀던 이 아이는 커서 가수가 되었습니다. 13살이란 어린 나이에 미국의 대중음악 순위에서 1위를 기록한 가수 스티비 원더입니다. 스티비는 이후로도 8번이나 더 1위를 차지해서 세계적으로 유명해졌습니다.

스티비 원더가 이렇게 유명한 가수가 될 수 있었던 것은 안 보이는 눈 대신 잘 들을 수 있는 귀가 있다는 걸 깨닫게 해 준 선생님 덕분입니다. 여러분에게도 자기보다 더 나은 자기를 발견할 수 있게 도와주는 사람이 있나요? 분명히 있을 거예요. 주위를 한번 둘러보세요.

귀가 번쩍 뜨이다 들리는 말에 선뜻 마음이 끌릴 때 쓰는 말.
⋯▶ 놀이 공원에 가자는 아버지 말에 아인이는 두 귀가 번쩍 뜨였어요.

귀를 의심하다

듣고 또 들어라 – 제프 킨들러

말은 하기보다 듣기가 더 중요하다고 합니다. 다른 사람과 이야기를 잘하려면 잘 듣는 것이 우선이라고도 하지요. 잘 듣는 것은 지혜를 얻고 지식을 쌓는 가장 좋은 방법이기도 합니다.

2007년, 제프 킨들러가 세계에서 가장 큰 제약 회사 화이자의 회장으로 뽑혔을 때 사람들은 모두 자신의 귀를 의심했습니다. 제약 회사에서 일해 본 것은 고작 4년밖에 안 되었고, 과학자나 연구원이 아니라 법률가 출신 회장은 처음이었기 때문입니다.

제프는 언제나 '듣고 또 들어라. 위기가 뚫린다.'고 믿었습니다. 이런 믿음을 바탕으로 제프는 어려움에 빠져 있던 화이자를 이끌어 나갔습니다.

"나는 매일 아침 1센트짜리 동전 10개를 왼쪽 바지 주머니에 넣고 집을 나선다. 회사에 출근하면 최선을 다해 직원들의 이야기를 듣는다. 직원들의 이야기를 충분히 잘 들었다고 생각되면 왼쪽 주머니에 있는 동전 하나를 오른쪽 주머니로 옮긴다. 저녁에 퇴근할 때는 오른쪽 주머니로 옮겨간 동전의 개수만큼 10점씩 점수를 준다. 모든 동전이 옮겨졌으면 '100점'이라는 점수를 주는 것이다. 매일 저녁 100점을 받는 것이 내가 하는 일 가운데 가장 중요한 일이다."

사람은 누구나 자신의 이야기에 귀를 기울여 주는 사람을 좋아합니다. 그러므로 상대방과 친해지려면 상대방의 말을 잘 들어 주면 됩니다. 상대방의 말에 귀를 기울이면 그 사람의 마음을 얻을 수도 있습니다.

귀를 의심하다 믿기 어려운 이야기를 들어 잘못 들은 것이 아닌가 생각한다는 뜻.

⋯▸ 우리 학교가 축구 대회 우승을 했다는 소식을 듣고 우리는 귀를 의심했어요.

귀에 못이 박히다

4분 벽을 넘은 사나이 – 로저 베니스터

지금으로부터 60년 전만 해도 사람들은 이렇게 말했습니다. '사람은 1마일(약 1,609미터)을 4분 안에 뛸 수 없어. 4분 안에 뛴다는 것은 불가능한 일이야.'

그러나 옥스퍼드 의대생이자 육상 선수였던 로저 베니스터는 어렸을 때부터 귀에 못이 박히도록 들어 왔던 이 말을 믿지 않았습니다. 아니, 믿고 싶지 않았습니다.

'1마일을 4분 안에 뛰고야 말겠어. 그러려면 새로운 훈련 방법이 필요해.'

로저는 의학 지식을 바탕으로 새로운 훈련 방법을 찾기 시작했습니다. 자기 몸이 가장 잘 능력을 발휘할 수 있는 훈련 방법이 어떤 것인지 여러 모로 연구했습니다. 그러다 로저가 선택한 방법은 1마일을 네 구간으로 나누어 뛰는 방법이었습니다. 한 구간을 온 힘을 다해 뛰고 나서, 2분간 쉬었다가 다시 힘껏 달리는 방법이었습니다.

　이런 방법으로 훈련을 거듭한 로저는 이제 오래 달리면서도 빨리 달릴 수 있게 되었습니다. 마침내 1954년 5월 6일, '3분 59초 4'라는 기록으로 로저 베니스터는 '마의 4분대'를 뚫고 1마일을 달리는 데에 성공합니다.

　정말 신기한 일은 그다음에 일어났습니다. 로저가 보이지 않는 4분의 벽을 뚫자마자 4분 안에 1마일을 달리는 사람들이 물밀 듯이 나타난 것이지요. 1달 만에 10명의 선수가, 1년 후에는 37명의 선수가, 2년 후에는 300명이 넘는 선수가 4분의 벽을 넘었습니다.

　4분이 인간이 넘어설 수 없는 한계라고 여겼는데 그 믿음이 깨지자 많은 선수들이 너나 할 것 없이 그 벽을 넘어 버린 것입니다. 우리는 스스로 한계를 지워 놓고 자신의 능력을 제대로 펼치지 못하고 있는지도 모릅니다. 생각 속에서 한계를 지우는 것, 그것이 중요합니다.

귀에 못이 박히다　같은 말을 여러 번 듣는다는 뜻.
⋯▸ 자기 전에 불을 끄라는 소리는 귀에 못이 박히도록 들었어요.

기를 쓰다

인생의 멘토를 찾아라 – 손정의

1973년 일본, 어느 시골 소년이 도쿄로 올라와 일본 맥도날드의 회장 후지타 덴을 찾아갔습니다. 소년은 후지타 덴을 만나기는커녕 매번 경비실에서 쫓겨났습니다. 하지만 소년은 일주일 동안이나 포기하지 않았고 마침내 후지타 덴을 만날 수 있었습니다.

소년이 후지타 덴에게 물었습니다.

"미국으로 건너가 공부할 생각입니다. 훌륭한 사장이 되려면 무엇을 배워야 할까요?"

후지타 덴은 소년에게 이렇게 대답했습니다.

"미래는 인터넷, 노트북, 소형 컴퓨터의 시대가 될 거야."

얼마 후, 소년은 미국으로 건너가 컴퓨터 공부를 시작했고 졸업 후 일본으로 돌아와 회사를 차렸습니다. 이 회사가 일본을 대표하는 통신 회사 '소프트뱅크'이고,

후지타 덴을 만나려고 기를 썼던 소년이 바로 회장 손정의입니다.

후지타 덴은 손정의를 이렇게 기억하고 있습니다.

"16세 소년이 일주일 동안 매일 나를 찾아왔다. 하는 수 없이 15분 동안 만나 주었다."

손정의는 후지타 덴을 만나야겠다는 생각을 어떻게 하게 되었을까요? 후지타 덴이 쓴 〈유대인의 상술〉이라는 책에는 다음과 같은 구절이 나옵니다.

'유명한 인물과 인연을 맺고 싶다면 직접 찾아가라. 그들은 식상한 인물들과 늘 똑같은 대화에 지쳐 있기 때문에 엉뚱하면서도 참신한 인물의 등장을 진심으로 고대하기 마련이다.'

이 글을 읽고 용기를 얻은 손정의는 후지타 덴을 찾아가 1주일 동안 매달렸던 것입니다.

기를 쓰다 무언가를 이루기 위해 있는 힘을 다한다는 뜻.
⋯▸ 준호는 일등을 하기 위해 기를 쓰고 공부했습니다.

날개가 돋치다

장난감 중의 장난감 – 키르크 크리스티안센

1932년, 덴마크의 어느 작은 목공소에서 아이들이 놀고 있었습니다. 목수로 일하는 키르크 크리스티안센의 조카들이었지요. 목수 삼촌은 아이들이 나무토막을 가지고 노는 것을 보고 여러 가지 모양의 매끈한 나무 블록을 만들어 주었습니다.

목수 삼촌이 만들어 준 나무 블록은 아이들 사이에서 아주 인기가 좋았습니다. 목수 삼촌은 1934년 아예 나무 블록 회사를 세웠습니다. 목수 삼촌표 나무 블록은 날개가 돋친 듯 팔려 나갔습니다.

그러나 일일이 나무를 깎아서 만들어야 하는 나무 블록은 많이 만들어 낼 수 없었습니다. 일찍감치 다 팔리는 바람에 목수 삼촌표 나무 블록을 사고 싶어도 살 수 없는 아이들이 많았습니다.

'더 많은 아이들에게 장난감을 만들어 줄 수는 없을

까? 그래, 나무를 버리자!'

1947년 목수 삼촌은 나무 대신 플라스틱으로 블록을 만들기 시작했습니다. 목수가 나무를 버린다는 것은 어려운 일이었지만, 대신 많은 양을 만들 수 있었습니다. 플라스틱 블록으로 높은 성을 쌓아 올리며 아이들은 즐겁게 놀았습니다.

하지만 기껏 높이 쌓아올린 성이 금세 무너져 내리는 것을 보고 눈물짓는 아이들도 많았습니다. 아이들은 무너지지 않는 블록을 원했습니다. 목수 삼촌은 또 고민하기 시작했습니다.

'무너지지 않는 블록이라…. 블록에 손이 달렸으면 어떨까?'

이렇게 해서 1958년, 한 면에 올록볼록 돌기가 달린 직사각형 블록이 태어났습니다. 이제 여러 개의 블록을 쌓아도 넘어지지 않게 되었습니다. 장난감 중의 장난감 레고가 탄생한 것입니다.

날개가 돋치다 상품이 빠른 속도로 팔려 나갈 때 쓰는 말.
⋯▶ 이번에 내놓은 신상품은 날개 돋친 듯이 팔려 나갑니다.

눈살을 찌푸리다

자기 뜻대로 산다는 것은 – 우피 골드버그

〈시스터 액트〉로 유명한 미국의 영화배우 우피 골드버그는 뉴욕 빈민가에서 태어났습니다. 우피는 어렸을 때부터 동그랗게 부풀린 파마머리를 하고 통이 넓은 나팔바지를 입고 다니기를 좋아했습니다. 얼굴에는 알록달록한 색깔 화장을 하고 다녔지요. 우피가 그렇게 하고 거리에 나가면, 사람들은 모두 눈살을 찌푸렸습니다.

한번은 친구들과 영화를 보러 가기로 했습니다. 우피는 멜빵바지를 입고 빨강과 노랑으로 염색한 셔츠를 입고 나타났습니다. 친구가 못마땅한 얼굴로 말했습니다.

"야, 그게 뭐냐? 옷 좀 갈아입어라."

"왜?"

"창피해."

"창피하다고? 나는 이게 좋아."

그러자 친구는 화를 내며 가 버렸습니다. 우피는 친구

가 왜 자기 모습을 보고 창피해하는지 알 수가 없었습니다. 속이 상했지만, 어머니 말을 떠올렸습니다.

"다른 사람들과 같아질 필요는 없어. 다른 사람의 놀림 따위는 신경 쓰지 말고 너 하고 싶은 대로 해. 하지만 남과 다르게 사는 것은 쉽지 않은 일이란다."

'오늘 친구 때문에 옷을 갈아입어야 한다면, 앞으로 얼마나 자주 다른 사람들 때문에 옷을 갈아입어야 할까?'

자기 뜻대로 살아가기 위해서는 다른 사람이 자기를 비판하더라도 받아들여야 합니다. 우피의 어머니가 알려 준 것은 바로 그것입니다. 우피는 자기 뜻을 굽히지 않았습니다. 그러자 다른 사람들도 우피를 따라 하기 시작했습니다. 우피가 그만큼 특별하기 때문입니다.

눈살을 찌푸리다 마음에 못마땅한 뜻을 나타내어 눈썹 사이를 찡그린다는 뜻.

⋯ 젊은이가 예의 없이 행동하자 노인들이 눈살을 찌푸렸어요.

눈앞이 캄캄하다

사막을 숲으로 만든 여자 - 인위쩐

중국의 사막 가운데서도 가장 지독한 사막, 무서운 모래바람이 부는 마오우쑤 사막, 황사가 시작되는 곳. 오죽 지독하면 '악마가 지나간다'고 했을까요.

이 사막에 곱게 차려입은 스무 살 신부가 마차에서 내렸습니다. 아버지가 말했습니다.

"인위쩐, 너는 오늘부터 이곳에서 살아야 한다."

인위쩐은 주위를 둘러보았습니다. 풀 한 포기 나지 않은 사막 한가운데 땅굴과 다름없는 움집만 덩그러니 놓여 있었습니다. 눈앞이 캄캄했습니다.

며칠 뒤, 인위쩐은 남편에게 말했습니다.

"이곳은 사람 살 곳이 못 돼요. 저 모래바람 때문이에요. 이곳을 생명이 숨 쉬는 숲으로 만들어야 해요. 이곳에 나무를 심을 거예요."

인위쩐은 새벽 3시에 일어나 남의 집 일을 해 주고,

19킬로미터나 떨어진 곳까지 가서 묘목을 사 왔습니다. 그리고 귀한 물을 길어 나무를 한 그루 한 그루 정성스럽게 심어 나갔습니다.

그러나 모래 폭풍과 뜨거운 태양 때문에 100그루를 심으면 살아남는 건 절반뿐이었습니다. 그래도 인위쩐은 죽기 살기로 나무 심기에 매달렸습니다. 수분을 빨아 먹고 사는 벌레들을 일일이 손으로 잡았습니다.

"모래가 세다고? 바람이 강하다고? 아니야. 바람은 멈추는 날이 있잖아. 하지만 난 절대로 멈추지 않아."

메마른 모래땅에 나무가 자라기 시작했고, 여기저기에 풀도 뿌리를 내렸습니다. 이렇게 20년, 키운 나무가 무려 8만 그루, 여의도 면적 9배에 달하는 27제곱킬로미터의 숲이 만들어졌습니다.

지금은 전기도 들어오고 우물도 있습니다. 인위쩐은 예전처럼 나무 심는 일을 게을리하지 않으며 열심히 살아가고 있습니다.

눈앞이 캄캄하다 힘든 일이 앞에 있어서 어찌할 바를 모를 때에 쓰는 말

⋯ 돈 한 푼 없이 일 년 동안 살 일을 생각하니 눈앞이 캄캄했어요.

눈에 밟히다

인품을 가꿔 나가라 - 벤저민 프랭클린

벤저민 프랭클린은 '미국 독립 선언문'을 작성한 사람 가운데 하나로 유명한 미국의 정치가입니다. 미국 100달러 지폐에 초상화가 실려 있기도 하지요.

프랭클린이 어렸을 때였습니다. 어느 날, 장난감 가게 앞을 지나다가 유리창 안에 놓여 있는 피리를 보았습니다. 프랭클린은 그 피리가 몹시 갖고 싶었지만, 꾹 참고 집으로 갔습니다. 하지만 집에 와 있어도 계속해서 그 피리가 프랭클린의 눈에 밟혔습니다.

다음 날 아침, 프랭클린은 그동안 모아 둔 용돈을 모두 싸 들고 장난감 가게로 갔습니다.

"저 피리, 얼마나 하나요?"

프랭클린이 주인에게 가진 돈을 보여 주었습니다.

"그 돈을 모두 주면 피리를 주마."

그토록 갖고 싶었던 피리를 손에 넣은 프랭클린은 휘

파람을 불면서 집으로 돌아왔습니다. 그런데 형이 프랭클린의 이야기를 듣더니 소리를 질렀습니다.

"멍청한 녀석! 그 돈이면 이런 피리를 네 개는 살 수 있어!"

이것을 보고 있던 아버지가 말했습니다.

"지나치게 욕심을 내면 원래 그 물건 값보다 더 비싸게 사는 법이란다."

아버지의 말을 마음에 깊게 새긴 프랭클린은 그다음부터 물건이나 돈에 지나치게 욕심을 내는 사람을 보면 이렇게 생각했습니다.

'저 사람은 피리를 너무 비싸게 사고 있구나.'

프랭클린은 지나친 욕심을 부리지 않고 평생에 걸쳐 올바른 인품을 기르기 위해 노력했습니다. 그래서 지금도 미국 사람들의 존경을 받고 있습니다.

눈에 밟히다 어떤 것이 잊히지 않고 자꾸 생각난다는 뜻.

⋯▸ 이 도령은 춘향이의 모습이 눈에 밟혀 차마 발걸음을 옮길 수 없었습니다.

눈에 불을 켜다

행복의 발견 – 리처드 와이즈먼

흔히 사람들은 성공해야 행복해진다고 생각합니다. 하지만 영국의 심리학자 리처드 와이즈먼 교수는 사람들은 행복해야 성공한다고 말합니다. 와이즈먼 교수는 한 가지 실험을 했습니다. 자기가 행복하다고 생각하는 사람과 자기가 불행하다고 생각하는 사람으로 나눈 후, 신문지를 나누어 주었습니다. 모두 똑같은 신문지였지요. 그러고는 간단한 퀴즈를 냈습니다.

"신문에 실린 사진의 수를 세어 보세요. 빠른 시간 안에 정답을 맞힌 사람에게는 상품을 드리겠습니다."

사람들은 눈에 불을 켜고 신문을 살피기 시작했습니다. 그런데 어떤 사람들은 2초 만에 다 찾았다며 금세 고개를 들었습니다. 다른 사람들은 2분이 지나도록 계속 신문을 살피고 있었습니다. 단 2초 만에 사진의 개수를 모두 센 사람들은 자기 스스로 행복하다고 생각하는 사람들이었고, 자기 스스로 불행하다고 생각하는 사람들은 사진의 개수를 모두 세는 데에 평균 2분이 걸렸답니다. 어떻게 된 일일까요?

　비밀은 신문 한 귀퉁이에 크게 적힌 메시지에 있었답니다.

　"더 이상 사진을 찾지 마십시오. 이 신문에는 모두 43장의 사진이 있답니다."

　스스로 행복하다고 믿는 사람들은 넓은 시야로 이 메시지를 발견하고서 그 내용을 믿었습니다. 그런데 스스로 불행하다고 믿는 사람들은 사진 찾기에 너무 빠진 나머지, 메시지를 발견하지 못했거나 메시지를 보고서도 믿지 않은 것입니다. 스스로 불행하다는 생각하는 사람들은 불행하다는 믿음 때문에 눈앞의 행복을 보고도 놓치고 있는지 모릅니다.

눈에 불을 켜다　몹시 욕심을 내거나 관심을 기울일 때 쓰는 말.

⋯▸ 구두쇠 영감은 돈이 생기는 일이라면 눈에 불을 켜고 달려들었습니다.

눈에 이슬이 맺히다

길은 잃어도 사람은 잃지 마라 – 마쓰시타 고노스케

마쓰시타 고노스케는 1918년, 22세에 마쓰시타 전기를 세웠습니다. 직원이 모두 세 명밖에 되지 않았지만, 히트 상품을 연달아 개발하면서 마쓰시타 전기는 무럭무럭 자라났습니다.

그런데 힘든 시기가 닥쳤습니다. 1929년은 일본뿐만 아니라 전 세계가 어려운 시기였습니다. 매출은 절반으로 줄고 재고가 늘어 창고마저 부족한 실정이었습니다.

"직원을 절반으로 줄여야 합니다."

회사 간부들은 이렇게 말했지만 마쓰시타는 돈을 버는 것보다 사람을 행복하게 만드는 것이 더 중요하다고 생각했습니다. 마쓰시타는 전 직원을 모아 놓고 말했습니다.

"오늘부터 근무 시간을 반으로 줄이고, 일주일에 이틀은 쉬도록 하겠습니다. 생산량도 절반으로 줄이겠습니다. 그러나 직원은 한 명도 줄이지 않고 월급도 전부 줄 것입니다. 우리 함께 힘을 모아 재고품 판매를 위해 노력합시다."

'회사를 나가야 하나?', '월급도 못 받을 거야.' 하고 걱정을 하던 직원들의 눈에 이슬이 맺혔습니다.

그 후, 직원들은 휴일에도 쉬지 않았습니다. 가족들까지 나서서 재고품을 판매하러 다녔습니다. 그러자 두 달 만에 재고품은 모두 팔려 나갔고, 회사는 다시 제대로 돌아가기 시작했습니다. 그리고 마침내는 연간 매출액 5조 원에, 국내외 관련 회사 590개, 사원 19만 명을 거느리는 세계적인 대기업이 되었지요. 마쓰시타 회사 사람들은 자기 회사가 무엇을 만드는 회사인지 질문을 받으면 다음과 같이 대답합니다.

"마쓰시타는 인간을 만드는 회사입니다. 그리고 전기 제품도 만듭니다."

눈에 이슬이 맺히다   눈에 눈물이 고였다는 뜻.

⋯▶ 아들이 떠나는 것을 본 어머니의 눈에 이슬이 맺혔다가 볼을 타고 흘러내렸어요.

눈에 차다

최선을 다한다는 것 – 지미 카터

미국의 한 해군 장교가 릭 오버 장군을 만나러 사무실에 들어갔습니다.

장군은 그 해군 장교가 잘 안다고 생각하는 것들에 대해서 이것저것 물어보았습니다. 장군은 해군 장교의 눈을 빤히 쳐다보며 대답하기 어려운 질문을 마구 해 댔습니다. 해군 장교가 열심히 대답했지만, 해군 장교가 장군에게는 눈에 차지 않은 듯했습니다. 해군 장교의 얼굴이 새빨개졌습니다. 장군이 물었습니다.

"자네 사관 학교 성적은 어떻게 되나?"

"820명 중에 59등입니다."

"최선을 다한 건가?"

해군 장교는 조금 망설이다가 대답했습니다.

"아닙니다. 최선을 다하지 않았습니다."

"왜 최선을 다하지 않았나?"

해군 장교는 아무 말도 하지 못했습니다.

해군 장교는 그동안 자기가 최선을 다하지 않았다는 것을 새삼 깨닫고, 그 뒤로는 '최선을 다하자'라는 말을 좌우명으로 삼고 열심히 살았습니다. 그리고 나중에는 제39대 미국 대통령이 되었습니다. 이 해군 장교의 이름은 '지미 카터'입니다.

눈에 차다 만족스럽게 마음에 든다는 뜻.
⋯▸ 이 백화점에는 눈에 차는 물건이 없으니까 다른 곳으로 가 보자.

눈을 의심하다

가장 즐거운 일 – 데이비드 커닝스

1960년 10월 어느 날, 커닝스는 신문사 사무실 벽에 붙은 쪽지를 보고 눈을 의심하지 않을 수 없었습니다.

'커닝스, 인터뷰, 엘리너 루스벨트.'

엘리너 루스벨트는 대통령 부인입니다. 자신과 같은 초보 기자가 대통령 부인을 인터뷰해야 한다니….

커닝스는 인터뷰 준비를 꼼꼼히 했습니다. 자료를 찾아 정리하고, 대통령 부인에게 할 질문들을 만들었습니다. 그리고 '꼭 한 가지는 특별한 질문을 하자.'라고 단단히 결심했습니다. 드디어 일흔다섯 노부인을 만난 커닝스는 준비했던 특별한 질문을 던졌습니다.

"그동안 만나 본 사람들 가운데 가장 흥미로운 사람은 누구였나요?"

커닝스는 남편 루스벨트나 처칠, 헬렌 켈러 중 하나일 거라고 짐작했습니다. 그러나 엘리너의 답은 커닝스의 예상을 완전히 빗나갔습니다.

"커닝스, 당신이에요."

"그게 … 무슨 뜻인가요?"

"나는 어렸을 때 수줍음을 많이 타는 아이였어요. 그런데 어머니가 '사람은 새로운 친구를 사귈 줄 알아야 한다. 삶에 용감하게 뛰어들어야 새로운 세상을 얻게 되는 거야.'라고 말씀하시더군요. 나는 그때부터 새 세상을 향해 걸어 나가자고 나 자신에게 격려했지요. 그러자, 낯선 사람을 만나는 것이 가장 즐거운 일이라는 것을 알게 되었답니다."

커닝스는 이 한 시간짜리 인터뷰로 '미국 뉴스 보도상'을 받았습니다. 그러나 더 기쁜 것은 다음과 같은 교훈을 얻은 것이었답니다.

"새로운 친구를 사귀는 것을 두려워 말고, 삶에 용감하게 뛰어들라."

눈을 의심하다 잘못 보지 않았나 하여 믿지 않고 이상하게 생각할 때 쓰는 말.

⋯ 슬기는 자기 앞 자리에 아이돌 가수가 앉아 있는 것을 보고 자기 눈을 의심했어요.

눈이 번쩍 뜨이다

짜장면 스티커 – 지영근과 임지원

전국에 중국집 2만 4천 개, 하루 평균 6백만 그릇, 매일 8명에 1명이 짜장면을 먹습니다. 직접 식당에 가서 먹기도 하지만, 배달을 시켜서 먹는 경우가 더 많습니다. 편하니까요.

그러나 편하기만 한가요? 짜장면이 쏟아지지 않게 짜장면 그릇에 씌워 놓은 랩, 이 랩을 어떻게 벗기나요? 벗기는 방법도 가지가지, 젓가락으로 비벼서 벗기는 방법, 조심조심 손으로 벗겨 내는 방법, 과감하게 손으로 북 찢는 방법…. 어쨌든 그리 편하지만은 않습니다.

대개의 사람들은 이런 불편함을 참고 넘어갑니다. 그런데 지영근과 임지원 두 고등학교 친구는 이런 불편함을 무심코 넘기지 않았습니다. 두 친구는 연구를 시작했습니다.

'짜장면 랩을 좀 더 쉽게 벗기는 방법이 없을까?'

두 사람이 시작한 이 연구에 더 많은 친구들이 모였습니다. 그러다 눈이 번쩍 뜨일 만큼 놀라운 아이디어가 태어났습니다. 짜장면 스티커를 개발한 것이지요.

짜장면 랩 위에 손잡이가 달린 스티커를 붙이고 스티커 가장자리에 구멍을 세 개 뚫은 다음 손으로 죽 잡아당기면 랩이 찢어지면서 간편하게 벗겨집니다.

두 친구는 이 작은 아이디어로 서울시 창의 아이디어 경진 대회에서 1,610 대 1이라는 높은 경쟁률을 뚫고 대상을 차지합니다. 또 기업의 도움으로 짜장면 스티커가 상품으로 태어났습니다. 두 친구는 이렇게 말합니다.

"짜장면 랩을 잘 뜯는 데에 그치지 않고, 작은 아이디어로 세상에 편리함과 즐거움을 주고 싶었습니다. 유쾌한 식사 시간이 되도록 짜장면 스티커를 잘 만들어 보고 싶었습니다."

짜장면만 되냐고요? 물론 짬뽕도 됩니다.

눈이 번쩍 뜨이다 멍하게 있다가 정신이 갑자기 들 때 쓰는 말.
⋯▶ 빙구는 자다가도 눈이 번쩍 뜨일 만큼 피자를 좋아합니다.

눈이 빠지게 기다리다

자기 힘으로 하라 – 데니스 웨이틀리

데니스 웨이틀리는 어떻게 하면 성공할 수 있는지에 대해서 연구하는 성공학의 권위자입니다.

2차 대전이 한창일 때, 데니스의 아버지는 전쟁에 나가고 집에 없었습니다. 9살이 된 데니스는 어머니랑 군부대 근처에 살고 있었습니다.

미군 병사들이 데니스의 친구가 되어 주었습니다. 어느 날, 한 병사가 배를 타고 낚시에 데려가기로 데니스와 약속했습니다. 기쁨에 들뜬 데니스는 늦잠을 잘까 봐, 전날 밤 옷을 입은 채로 잠자리에 들었습니다. 그리고 새벽 3시에 일어나 낚시 도구와 샌드위치를 챙겨서 집을 나섰습니다. 아직도 어두운 길가에 서서 데니스는 병사를 기다렸습니다.

그러나 눈이 빠지게 기다려도 병사는 나타나지 않았습니다. 날이 밝아 왔습니다. 아버지의 말씀이 생각났습니다.

"누구라도 너와 한 약속을 어길 수 있단다. 네가 하고 싶은 것을 하려면 남에게 의지하지 말고 반드시 네 힘으로 하도록 해라."

데니스는 그동안 이웃집 잡초를 뽑아 주고 모은 돈으로 낡은 1인용 고무보트를 사서 머리에 이고 강으로 갔습니다. 낚시로 물고기를 잡고, 샌드위치를 먹고, 군용 수통에 담긴 주스를 마시며 생애에서 가장 아름다운 추억을 만들었습니다.

자신의 힘으로 자신의 꿈을 실현할 수 있는 사람은 무엇이든 해낼 수 있답니다.

눈이 빠지게 기다리다 몹시 애타게 오랫동안 기다린다는 뜻.
⋯▶ 사람들이 눈이 빠지게 기다렸지만 구조대는 오지 않았어요.

눈이 트이다

붉은색 옷을 입어라 – 앤드류 카네기

　미국의 철강왕 카네기가 중학교에 다닐 때였습니다. 어느 날, 카네기는 한 공사장을 지나게 되었습니다. 사장처럼 보이는 남자가 일꾼들을 지휘하고 있었습니다. 카네기는 그 남자에게 가서 물었습니다.

　"지금 무슨 건물을 짓고 있는 건가요?"

　"우리 백화점을 짓고 있단다. 다른 회사들도 들어오게 될 곳이지."

　"어떻게 하면 커서 아저씨처럼 높은 사람이 될 수 있을까요?"

　그러자 그 남자가 카네기를 내려다보며 대답했습니다.

　"붉은색 옷을 사 입거라."

　카네기의 얼굴은 호기심으로 가득 찼습니다.

　"그게 높은 사람이 되는 것과 상관이 있나요?"

"암, 있지!"

남자는 앞쪽에서 일하고 있는 일꾼들을 가리키며 말했습니다.

"저 일꾼들은 모두 내 직원들이란다. 봐라, 모두 똑같은 푸른색 옷을 입고 있지? 그래서 나는 누가 누군지 도무지 알 수가 없단다."

이번에는 뒤쪽에서 일하고 있는 사람 하나를 가리켰습니다.

"하지만 저기 저 사람을 봐라. 혼자 붉은색 셔츠를 입고 있기 때문에 내 눈에 잘 띄잖아. 나는 며칠 후에 저 친구를 내 비서로 삼을 생각이다. 다른 사람들과 똑같다면 어떻게 다른 사람들보다 더 많은 기회를 얻을 수 있겠니?"

어린 카네기는 갑자기 눈이 트이는 것 같았습니다.

눈이 트이다   어떤 일이 돌아가는 이치를 알게 되었다는 뜻.
⋯▶ 이제 세상에 눈이 트인 영수는 갑자기 말수가 적어졌어요.

눈코 뜰 사이 없다

시간은 내는 것 – 올브라이트 캉

올브라이트 캉은 세계 옷감업계에서 가장 유명한 사람입니다. 올브라이트는 이만큼 유명해지기까지 단 하루도 쉬는 날이 없이 정말이지 눈코 뜰 사이 없이 일했습니다. 정신을 차려 보니 50살이 되어 있었습니다.

다른 사람들은 모두 올브라이트를 부러워했지만 올브라이트는 자신의 삶에 무엇인가 부족하다고 느꼈습니다. 문득 자신의 어릴 적 꿈을 떠올렸습니다. 어린 시절 올브라이트는 화가가 되고 싶었습니다. 하지만 돈을 벌어야 했기 때문에 그림 공부를 할 수 없었습니다.

'그림을 배우기엔 이제 너무 늦은 나이인가? 그리고 그림 그릴 시간도 없잖아?'

올브라이트는 고민고민하다가 어릴 적 꿈을 이루어 보기로 결심했습니다. 매일 한 시간씩 그림을 그리기로 마음먹었습니다.

올브라이트는 아무리 바쁜 일이 있어도 그림 그리는 일만은 빼먹지 않았습니다. 그렇게 몇 년이 지나자 그림 실력도 좋아졌습니다. 덕분에 몇 차례 전시회도 열 수 열었습니다. 사람들은 올브라이트의 그림을 좋아했습니다.

"어렸을 때, 나는 정말 그림을 그리고 싶었습니다. 하지만 그림 그리는 법을 배워 본 적이 없었죠. 아무리 노력해도 그림을 그릴 수는 없을 것 같았습니다. 그때 어떤 현명한 사람의 말이 기억났습니다. 무언가를 못 하는 사람은 늘 '시간이 없다'고 말한다는 것입니다."

우리에게는 매일 똑같은 시간이 주어집니다. 그런데도 사람들은 늘 시간이 없다고 말하지요. 하지만 뭔가를 이루어 내는 사람들의 공통점은 이것입니다. 바로 자신에게 필요한 시간을 냈다는 사실이지요.

눈코 뜰 사이 없다 정신 못 차리게 몹시 바쁠 때에 쓰는 말.
⋯▸ 봄철, 농촌은 모내기를 하느라 눈코 뜰 사이 없이 바쁘지요.

마음을 붙이다

5억 달러를 아낀 용접제 한 방울 – 존 록펠러

한 젊은 남자가 석유 회사에서 일하게 되었습니다. 그 남자에게 주어진 일은 드럼통에 뚜껑이 제대로 붙여졌는지 용접 상태를 검사하는 일이었습니다. 이 일은 가장 쉽고도 가장 재미없는 일이었습니다.

남자는 날마다 용접제가 한 방울씩 떨어져 뚜껑이 용접되는 과정을 지켜보았습니다. 6달이 지났습니다. 일이 지겨워 견디다 못한 남자는 관리자에게 찾아가, 다른 일을 시켜 달라고 했습니다. 하지만 관리자는 다른 일은 어려워서 못할 거라며 안 된다고 했습니다.

'어쩔 수 없지. 좀 더 재미있게 이 일을 할 수 있는 방법은 없을까?'

남자는 다시 하던 일에 **마음을 붙이기로** 했습니다. 먼저, 용접제가 얼마나 빨리 떨어지는지, 그리고 몇 방울이나 떨어지는지 찬찬히 살펴보았습니다. 그러다가 뭔가를 알아냈습니다.

'뚜껑 하나를 용접하는 데 39방울의 용접제가 들어가. 하지만 실제로는 38방울이면 충분해.'

'겨우 한 방울 아껴 봤자 얼마나 절약한다고 그래?' 하고 생각할 수도 있을 것입니다. 하지만 회사는 한 방울을 아낀 덕분에 해마다 5억 달러라는 어마어마한 돈을 아낄 수 있었습니다.

용접제 한 방울을 아낀 덕분에 회사에 큰 이익을 가져다 준 이 남자의 이름은 존 록펠러, 나중에 세계의 석유왕이 되었습니다.

자신이 하고 있는 일에 관심을 가지고 흥미를 붙이다 보면 새로운 아이디어를 얻을 수 있습니다. 그 아이디어를 현실로 옮기면 성공은 저절로 따라오게 마련입니다. 자신의 일을 즐기는 사람은 작은 일에서도 큰 가치를 발견할 줄 알기 때문입니다.

마음을 붙이다 어떤 일에 흥미를 갖고 열심히 한다는 뜻.

⋯▶ 아들 하나밖에 없는 어머니는 자식 교육에 마음을 붙이고 평생을 사셨습니다.

맥이 풀리다

하나만을 생각하라 – 이나모리 가즈오

회사 경영을 잘하기로 유명한 이나모리 가즈오가 젊었던 시절, 마쓰시타 전기 회장 마쓰시타 고노스케의 강연에 참석하게 되었습니다.

"댐이 없는 하천은 큰비가 내리면 홍수가 나고, 가뭄이 들면 바닥까지 말라 버린다. 그러나 댐을 만들어 물을 저장하면 날씨에 상관없이 물의 양을 조절할 수 있다. 댐에 물을 저장하듯이, 회사도 여유가 있을 때, 자원을 비축해 놓아야 한다."

마쓰시타의 설명이 끝나자 참석자 가운데 한 명이 손을 들고 물었습니다.

"저희는 댐을 만들기에는 모든 것이 부족한 작은 회사입니다. 어떻게 하면 댐을 만들 수 있을까요?"

마쓰시타는 이 말을 듣고 다음과 같이 대답했습니다.

"방법은 저도 모릅니다. 그렇지만 댐을 만들겠다는 생

각이 없으면 안 됩니다."

순간, 강연장에 있던 수백 명의 사람들은 맥이 풀린 나머지 웃음을 터뜨리고 말았습니다. 모두들 마쓰시타가 농담을 했다고 생각한 것이지요. 그러나 이나모리는 그 말을 듣고 눈이 번쩍 뜨이는 것 같았습니다.

'맞아. 회사마다 사정이 다르니까 댐을 만드는 방법이 이것이다 하고 가르쳐 줄 수는 없어. 그러나 '댐을 만들고 싶다'는 생각은 반드시 있어야 해. 그 생각이 모든 것의 시작이야. 아니, 생각만으로는 안 되지. 자나 깨나 끊임없이 바라고 원해야지. 머리끝에서 발끝까지 온몸에 그 생각 하나만 흐르게 해야 해. 그것이 성공에 이르는 힘이야!'

이나모리는 꿈을 이루고 싶다는 간절한 생각을 갖기 시작했고, 마침내 빛나는 성공을 거두었습니다.

맥이 풀리다 힘이 빠지거나 긴장이 풀어졌다는 뜻.
⋯▶ 분명히 올 것이라고 믿었던 춘향이가 오지 않자, 이 도령은 온몸에서 맥이 풀렸습니다.

머리가 잘 돌아가다

인기 좋은 곰 인형, 테디 베어 – 시어도어 루스벨트

부드러운 천과 솜뭉치로 만들어진 곰 인형을 '테디 베어'라고 부릅니다. 아이들뿐만 아니라 다 큰 어른들도 좋아하는 인형이지요. '테디'는 미국의 제26대 대통령 루스벨트의 애칭이고, '베어'는 곰이라는 뜻이지요. 곰 인형에 왜 이런 이름이 붙게 되었을까요?

1902년 루스벨트는 미시시피로 곰 사냥을 떠났습니다. 사냥꾼 홀트 콜리어를 비롯한 여러 사냥꾼들도 팀을 나누어 대통령의 곰 사냥을 돕기로 했습니다. 홀트가 이끄는 팀이 먼저 곰을 발견했습니다. 홀트는 사냥개들과 함께 대통령이 있는 쪽으로 곰을 몰았습니다.

그런데 마침 점심시간이어서 대통령이 자리에 없었습니다. 홀트는 대통령이 직접 총으로 쏠 수 있도록 곰을 잡아서 나무에 묶어 두었습니다. 잠시 후 돌아온 대통령 루스벨트는 곰을 보았습니다. 홀트가 몹시 고맙기는 했지만, 나무에 묶여서 꼼짝도 하지 못하는 곰을 차마 쏠 수가 없었습니다. 루스벨트는 곰을 풀어 주라고 했습니다.

이 이야기가 신문에 실려 사람들이 알게 되었습니다. 사람들은 루스벨트 대통령을 칭찬했습니다. 클리포드 베리맨이라는 만화가가 이 이야기를 만화로 그려 신문에 실었습니다. 이 만화에서는 곰이 귀엽고 작은 아기 곰으로 그려졌습니다.

머리가 잘 돌아가는 모리스 미첨이라는 사람은 이 만화를 보고 재빨리 장난감 곰을 만들었습니다. 그러고는 루스벨트 대통령에게 대통령의 이름을 붙이게 해 달라고 편지를 썼습니다. 대통령은 그러라고 허락했습니다. 대통령의 이름을 따 '테디 베어'라고 불리게 된 이 귀여운 곰 인형은 어린이들 사이에서 아주 많은 인기를 끌었답니다.

머리가 잘 돌아가다 그때그때 그 자리에서 좋은 생각을 잘 해낸다는 뜻.

⋯▸ 급한 일을 척척 잘 처리하는 것을 보면 돌이는 머리가 아주 잘 돌아간다니까.

머리를 굴리다

누구든지 만날 수 있다 - 폴 마이어

폴 마이어는 집안 형편이 어려워 대학을 다니다 3개월 만에 그만두었습니다. 보험 회사에 취직을 하려고 했지만, 50여 차례가 넘게 면접에서 떨어졌습니다. 간신히 합격한 어떤 보험 회사에서도 일을 잘 못한다는 이유로 3주일 만에 쫓겨났습니다.

월세조차 내지 못해 살던 집에서 쫓겨난 폴 마이어는 거리에서 생활을 할 수밖에 없었습니다. 그래도 폴 마이어는 절망하지 않고, 어떻게 하면 보험일을 잘할 수 있을까 하고 열심히 머리를 굴렸습니다. 보험일을 잘하려면 돈 많은 부자들을 많이 만나야 합니다. 부자들이 보험을 많이 들어 주어야 하는 것입니다. 폴 앞으로 자동차가 쌩쌩 바람을 일으키며 달려갔습니다.

"바로 저거야!"

폴은 길가에 앉아 있다가 고급 승용차가 지나가면 재

빨리 차의 번호를 적었습니다. 그리고 그 주소를 알아내 승용차의 주인을 찾아갔습니다. 예상했던 것처럼 고급 승용차의 주인들은 모두 부자들이었습니다. 부자들은 열심히 일하는 폴에게 보험을 들어 주었습니다.

그런데 한 사람만은 바쁘다는 핑계를 대고 폴을 만나 주지 않았습니다. 폴은 편지 한 통을 써서 예쁜 상자에 넣은 후 비서에게 전달해 달라고 부탁했습니다. 사장이 상자를 열어 보니 다음과 같은 글이 적혀 있었습니다.

"사장님, 저는 날마다 하느님도 만나는데 어째서 사장님은 한 번도 만날 수 없나요? 사장님이 하느님보다 높다는 말씀인가요?"

이 사장은 폴의 끈기에 감동해서 보험을 들어 주었고, 자신이 알고 있는 사람들도 여러 명 소개해 주었습니다. 부자들을 많이 만난 덕분에 폴 마이어는 가장 어린 나이에 백만장자가 되었습니다.

머리를 굴리다 머리를 써서 해결 방법을 생각해 낸다는 말.
⋯▶ 자동차가 고장이 났는데 어떻게 하면 좋을지 머리를 좀 굴려 봐라.

머리를 싸매다

아프리카의 옥수수 추장 – 김순권

아름다운 꽃으로 수놓여 있는 아프리카의 아름답고 넓은 들판, 그곳에 첫발을 디딘 김순권 박사는 감탄이 아닌 근심으로 가득했습니다. 눈앞에 펼쳐진 아름다운 꽃은 곡식 재배에 치명적 피해를 주는 '스트라이가', 일명 악마의 풀이었기 때문입니다.

스트라이가는 아프리카 사하라 사막 남쪽은 물론 인도, 태국, 호주, 미국에까지 침범하여 큰 피해를 끼쳐 왔습니다. 여러 나라에서 스트라이가를 막을 방법을 찾기 위해 막대한 연구비를 들여 가며 온갖 노력을 기울였지만, 아무런 효과도 얻지 못했습니다.

김순권 박사 또한 머리를 싸매고 연구에 연구를 거듭했지만, 아무 소용이 없었습니다. 김순권 박사는 고민 끝에 생각을 180도로 바꾸었습니다.

'없앨 수 없다면 이겨 보자. 스트라이가를 없앨 방법

이 아니라 스트라이가를 이길 방법을 찾아보자.'

김 박사는 스트라이가보다 더 강한 옥수수 품종을 개발하기로 마음먹었습니다. 사람들은 모두 그것은 불가능한 일이라고 입을 모았습니다. 그러나 김 박사는 포기하지 않았습니다. 반드시 개발할 수 있다고 믿었습니다.

몇 년 동안의 거듭된 연구 끝에 김 박사는 드디어 스트라이가를 이길 수 있는 강한 옥수수 품종을 만들어 냈습니다. 무럭무럭 자라는 옥수수 덕분에 해마다 백만 톤씩 옥수수를 수입하던 나이지리아는 오히려 옥수수를 수출하는 나라로 바뀌었습니다.

나이지리아 사람들은 김 박사에게 '자군몰루(위대한 뜻을 이룬 사람)'와 '마이에군(가난한 이들을 배불리 먹이는 사람)'이라는 명예 추장의 자리를 주었습니다.

머리를 싸매다 있는 힘을 다해 노력한다는 뜻.
⋯▸ 빙구는 머리를 싸매고 시험 준비를 했어요.

머리를 쥐어짜다

고요한 밤, 거룩한 밤 – 요제프 모어와 프란츠 그루버

오스트리아의 한 작은 마을에 성 니콜라우스 교회가 있었습니다. 1818년, 크리스마스이브를 하루 앞둔 날 밤이었습니다. 이 교회를 이끄는 요제프 모어 신부는 크리스마스 미사 준비를 하려고 오르간을 쳐 보았습니다.

그런데 오르간이 소리가 나지 않았습니다. 모어 신부는 오르간을 살펴보았습니다. 나무판 몇 개가 부러져 있었습니다.

'배고픈 쥐들이 다 갉아먹었나 봐. 찬송가를 부를 때 반주를 못하게 돼서 어떡하지?'

모어 신부는 한숨을 푹 쉬고는 고개를 돌려 창밖을 보았습니다. 고요한 달빛에 비치는 마을 풍경이 어둠 속에서 너무나도 평화롭고 아름다워 보였습니다.

'참으로 거룩한 밤이로구나.'

모어 신부는 얼른 공책을 꺼내 시 한 편을 썼습니다.

그러고는 그 시를 들고 오르간 연주를 맡고 있는 프란츠 그루버 선생을 찾아갔습니다.

"오르간이 망가졌어요. 기타로 반주할 수 있게 곡을 한 곡 써 주시지 않겠소? 가사는 여기 있습니다."

"신부님, 걱정 마시고 돌아가 계십시오. 제가 내일 가지고 가겠습니다."

그루버는 밤새도록 머리를 쥐어짜며 그 가사에 알맞은 곡을 만들어 냈습니다. 크리스마스 미사가 시작되기 겨우 몇 시간 전이었습니다. 드디어 미사가 시작되고, 모어 신부가 기타를 치며 노래를 시작했습니다.

'고요한 밤, 거룩한 밤, 어둠에 묻힌 밤…'

세상에서 제일 유명한 캐럴송이 세상에서 제일 처음으로 불렸습니다. 이 캐럴송은 온 나라로 온 세계로 퍼져 나갔습니다.

머리를 쥐어짜다 몹시 애를 써서 궁리할 때 쓰는 말.
⋯▸ 그 소설가는 재미있는 소설을 쓰려고 며칠 동안 머리를 쥐어짰습니다.

머리에 서리가 앉다

총리를 아들로 둔 노점상 – 추안 릭파이의 어머니

태국의 총리 추안 릭파이의 어머니는 길거리에서 음식을 파는 노점상이었습니다. 머리에 하얗게 서리가 앉았는데도 매일 시장에 나가 두부나 떡을 팔았지요. 아들이 총리가 된 다음에도 노점을 그만두지 않았습니다.

"아들이 총리가 된 것은 아들이 잘났기 때문이에요. 내가 노점을 하는 것이랑은 아무 상관이 없어요. 나는 부끄럽다고 생각하지 않아요. 이곳에서 장사를 하는 것이 아주 좋아요. 언제든지 친구들을 볼 수 있으니까요."

노인이 가장 기뻐하는 일은 퇴근하고 돌아온 아들이 자신이 만든 두부를 맛있게 먹는 모습을 보는 것이라고 합니다. 추안 릭파이가 말했습니다.

"어머니가 저에게 주신 가장 큰 가르침은 성실함입니다. 우리 어머니는 제대로 된 교육을 받지 못하셨지만 매우 훌륭한 품성을 지니셨어요. 제가 어렸을 때부터 어머니는 늘 이렇게 말씀하셨어요. '성실하지 못한 사람과 사귀려는 사람은 없단다.'"

기자들이 총리의 어머니에 대해 이렇게 말했습니다.

"평민 계층의 평범한 어머니가 성실함과 정직함으로 사람들의 존경을 한 몸에 받는 총리를 키워 냈다."

그러자 노인은 기자들에게 이렇게 말했다고 합니다.

"사실 저는 아무것도 한 일이 없습니다. 아들에게 사람으로서 지켜야 할 성실함과 근면함, 겸손함을 가르쳤을 뿐입니다. 그 아이를 욕하거나 때려 본 적은 없어요. 하지만 그 아이 때문에 실망해 본 기억도 없군요."

머리에 서리가 앉다 머리가 하얗게 셌다는 말로, 늙었다는 뜻.
⋯▶ 머리에 서리가 앉은 어머니의 모습을 보니 철이는 가슴이 아팠어요.

목에 힘이 들어가다

저 사람들을 위해 할 수 있는 일이 무엇일까? - 윌리엄 문

윌리엄 문은 아주 머리가 좋고 재주가 뛰어난 영국의 대학생이었습니다. 많은 학생들이 총명한 윌리엄을 부러워했습니다. 주변 사람들은 모두 윌리엄이 훌륭한 사람이 될 것이라고 믿었습니다. 그러자 윌리엄은 점점 목에 힘이 들어가더니, 다른 사람을 무시하고 깔보기 시작했습니다.

그러던 어느 날, 윌리엄은 그만 성홍열이라는 병에 걸리고 말았습니다. 몸에서 높은 열이 나고 목이 아픈 아주 무서운 병입니다. 다행히 병은 나았지만 윌리엄은 앞을 볼 수 없게 되었습니다.

윌리엄은 이제 자신은 아무것도 할 수 없다는 생각에 괴로웠습니다. 그렇게 힘든 시기를 보내고 있자니 그동안 자기가 업신여겼던 친구들 생각이 났습니다. 개중에는 자기처럼 앞을 못 보는 사람들도 있었습니다.

'내가 그동안 너무 못되게 굴었어. 지금부터는 나와 같은 처지에 있는 사람들을 위해 일해야겠다. 앞을 보지 못하는 사람도 읽을 수 있는 글자를 만들자.'

윌리엄은 그때부터 자기가 가진 모든 지식을 이용해 손으로 읽을 수 있는 점자를 개발하는 데에 온 힘을 쏟았습니다. 그전에도 손으로 글자를 읽을 수 있는 여러 점자가 있었지만, 손가락 감각이 조금만 둔하더라도 읽기 힘든 점자들뿐이었답니다.

윌리엄은 수많은 아이디어를 생각해 내기 시작했고 앞을 못 보는 사람들에게 일일이 읽게 해 보았습니다. 그러고는 마침내 '문 타이프'라는 점자를 만들어 냈습니다. 앞을 못 보는 사람들도 윌리엄 덕분에 글을 읽게 되자, 그제야 윌리엄은 고개를 끄덕이며 미소를 지을 수 있었답니다.

목에 힘이 들어가다 자신의 힘이나 능력 따위를 뽐낸다는 말.
⋯▶ 그 사람은 목에 너무 힘이 들어가 있어서 다른 사람들이 좋아하지 않아요.

몸을 던지다

소록도 천사 할머니 – 마리아네 스퇴거와 마르깃 피사레크

얼굴이 문드러지고 손발이 잘려 나가는 끔찍한 병, 한센병. 사람들은 한센병 환자들을 신조차 버렸다며 가까이하려 하지 않습니다. 1916년, 정부에서는 어린 사슴을 닮았다고 하여 '소록도'라 불리는 전남 고흥의 외딴 섬에 한센병 환자들을 가둬 버렸습니다.

1959년 지구 반대편 오스트리아에서 마리아네 수녀가 소록도를 찾아왔습니다. 3년 후인 1962년에는 마르깃 수녀가 소록도를 찾았습니다. 두 수녀는 사람들이 꺼리던 한센병 환자들을 치료하기 위해 몸을 던졌습니다. 환자들이 말리는데도 약을 꼼꼼히 발라야 한다며 장갑도 끼지 않고 상처를 만졌습니다. 오후엔 죽을 쑤고 과자도 구워서 마을을 돌았습니다. 본국 수녀회가 보내오는 생활비까지 환자들 우유와 간식비로 쓰거나 몸이 다 나아 섬을 떠나는 사람들에게 뱃삯으로 나눠 줬습니다. 환자들의 아이들을 위해 유아원을 운영하기도 했습니다. 소록도 사람들은 전라도 사투리로 말하는 두 수녀를 '할매'라고 부르며 따랐습니다.

40년 넘게 수천 환자의 손과 발이 되어 살아온 두 수녀가 여든 할머니가 됐습니다. 두 수녀는 2005년 편지 한 장만 남긴 채 소록도를 떠났습니다. 두 수녀의 손에는 소록도에 올 때 가져왔던 낡은 가방 한 개만 달랑 들려 있었습니다.

'나이가 들어 제대로 일을 할 수 없게 되어 떠납니다. 부족한 외국인으로서 큰 사랑과 존경을 받아 감사하며 저희의 부족함으로 마음 아프게 해 드렸던 일에 대해 용서를 빕니다.'

한센병 환자들의 아픔이 서린 섬을 희망의 섬으로 바꿔 놓은 두 수녀. 상처로 얼룩진 사람들을 진정한 사랑으로 보살핀 두 수녀는 하늘에서 보내 준 천사였습니다.

몸을 던지다 온갖 정성을 다해 어떤 일에 열중한다는 뜻.

⋯▸ 할아버지는 나이를 생각하지 않고 농사일에 몸을 던졌을 뿐만 아니라 정성껏 아픈 손자를 돌보았어요.

무릎을 치다

루돌프 사슴 코 – 로버트 메이

 1939년, 크리스마스가 얼마 남지 않은 날, 로버트 메이는 생각에 잠겨 있었습니다. 자기가 일하는 백화점 사장님으로부터 아주 큰 숙제를 떠맡았거든요.
 "이봐, 로버트. 이번 크리스마스에는 아주 즐거운 크리스마스 이야기를 하나 써 주겠나? 동물을 주인공으로 해서 말이야."
 로버트는 방 안을 둘러보았습니다. 암으로 앓고 있는 아내가 침대에 누워 있었습니다. 그 옆에는 이제 네 살 난 바버라가 혼자 인형을 갖고 놀고 있었지요.
 "바버라, 너는 동물 중에서 뭐가 제일 좋으니?"
 아빠가 묻자, 바버라가 대답했습니다.
 "나는 사슴이 제일 좋아. 지난번에 동물원에서 보았어."
 로버트는 무릎을 탁 하고 쳤습니다.

'그래, 사슴을 주인공으로 한 이야기를 써야겠구나.'

문득 자기가 어렸을 때 친구로부터 따돌림당하던 생각이 났습니다. 따돌림을 당하지만 결국은 모두가 친구가 되는 따뜻한 이야기를 쓰고 싶었습니다.

마침내 이야기가 완성이 되었습니다. 로버트는 자기가 쓴 크리스마스 이야기를 딸 바버라에게 들려주었습니다.

"옛날에 루돌프라는 사슴이 있었어. 그런데 코가 빨개서 친구들한테 놀림을 받았단다. 크리스마스가 다가왔어. 그런데 안개가 너무 심하게 끼어서 앞도 잘 보이지가 않았어. 그러자 산타 할아버지가 루돌프에게 말했지. '루돌프야, 네 코가 밝으니 썰매를 끌어 주렴.'"

아빠의 이야기가 끝나자, 바버라가 박수를 쳤습니다. 빨간 코를 가진 사슴 루돌프의 이야기는 전 세계로 퍼져 나갔습니다.

무릎을 치다 갑자기 어떤 사실을 알게 되거나 몹시 기쁠 때 쓰는 말.
⋯▶ '이 일을 어떻게 하나.' 고민만 하던 옹고집이 "그래, 바로 그거야!" 하며 무릎을 쳤다.

물 만난 고기

도움을 줄 사람을 찾아라 – 워런 버핏

어린 시절의 워런 버핏은 눈에도 잘 띄지 않는 아이였습니다. 친구도 잘 사귀지 못했지요. 버핏에게는 오직 '부자가 되고 싶다'는 꿈만이 있었습니다. 11살 때부터 주식투자를 시작한 버핏은 부자가 되기 위해 열심히 공부했고, 결국 세계 2위의 부자가 되었습니다. 버핏이 이렇게 성공을 거둘 수 있었던 것은 버핏을 도와준 사람들이 있었기 때문입니다.

첫째, 벤저민 그레이엄 교수입니다. 버핏은 우연히 그레이엄 교수가 쓴 〈현명한 투자자〉란 책을 읽고 큰 감명을 받았습니다. 그래서 그레이엄 교수가 있는 컬럼비아 대학교 비즈니스 스쿨에 입학했습니다. 버핏은 마치 물 만난 고기처럼 공부를 잘했습니다. 학생 중 가장 나이가 어렸던 버핏이 2년 만에 가장 우수한 성적으로 졸업했지요. 그리고 그레이엄 교수는 버핏의 평생 스승이 되었습니다.

둘째, 가장 중요한 사람은 역시 아내 수전이었습니다. 어머니의 사랑을 받지 못하고 자란 버핏을 따뜻하게 감싸 주면서 버핏이 일에만 전념할 수 있도록 해 주었지요.

셋째, 평생의 친구 찰리 멍거가 있습니다. 버핏이 잘못하고 있다고 생각되면 찰리는 주저하지 않고 반대 의견을 말해 주었습니다. 덕분에 버핏은 실패를 피해 갈 수 있었습니다.

버핏은 자기가 성공한 까닭은 자기를 도와준 이런 사람들 덕분이라고 말합니다. 실은 이런 겸손함과 늘 배우려는 자세가 버핏을 성공으로 이끌었는지도 모릅니다.

물 만난 고기 어려운 형편에서 벗어나 크게 활약할 곳을 찾았을 때 쓰는 말.

⋯▸ 수지는 여학생 역할을 맡자 물 만난 고기처럼 자기 실력을 발휘했어요.

미역국을 먹다

모든 아픔을 이겨 낸 헐크 – 마크 러팔로

배우가 되고 싶어서 오디션을 보러 다니던 남자가 있었습니다. 오디션이란 실기 시험을 말합니다. 10년 간 바텐더, 요리사, 페인트공 등 온갖 일을 다 하면서도 그 남자의 꿈은 오직 하나 '배우'가 되는 것이었습니다.

그러나 오디션에서는 '너무 평범하다'는 이유로 번번이 미역국을 먹었습니다. 남자는 포기하지 않고 오디션을 800번이나 보았고, 800번이나 떨어졌습니다. 그리고 열 배, 스무 배로 마음이 아팠습니다.

어느 날 아주 좋은 기회가 찾아왔습니다. 남자는 〈이것이 우리의 청춘〉이라는 연극에서 있는 힘을 다해 길거리의 폐인 연기를 했습니다. 비평가들로부터 좋은 평을 들으며 마침내 세상에 알려지기 시작했습니다.

그런데 아주 나쁜 소식이 날아들었습니다. 뇌종양에 걸렸다는 소식이었습니다. 이제 막 시작하려는 남자에게 마른하늘에 날벼락 같은 일이었습니다. 목숨을 잃을지도 모르는 10시간의 위험한 수술을 받았습니다. 수술은 성공했지만, 남자는 왼쪽 귀로는 듣지 못하게 되었습니다. 얼굴도 움직일 수 없었습니다. 얼굴 표정으로 감정을 표현해야 하는 배우에게는 치명적인 일이었습니다.

그러나 남자는 배우의 꿈을 포기하지 않았습니다. 쉬지 않고 훈련을 한 덕분에 얼굴 근육을 움직이는 데 성공했습니다. 모든 아픔을 이겨 내고 당당히 배우로 다시 섰습니다. 이제는 할리우드의 스타로 전 세계가 주목하는 배우가 되었습니다.

우리에게 〈헐크〉와 〈어벤저스〉로 얼굴이 알려진 이 남자의 이름은 바로 '마크 러팔로'입니다.

미역국을 먹다 시험에서 떨어졌다는 말.
⋯ 작년에 이어 같은 대학을 지원했지만 또 미역국을 먹었답니다.

바람을 일으키다

한 사람을 250명처럼 대하라 – 조 지라드

조 지라드는 여덟 살 때부터 구두닦이와 신문팔이를 했습니다. 35세가 될 때까지 40여 가지에 이르는 일을 했습니다. 조는 스스로 '세상에서 가장 실패한 사람'이라고 생각했습니다.

어느 크리스마스, 조는 일자리도 없고, 저금한 돈도 없고, 빚만 6만 달러가 있다는 것을 알았습니다. 아이들이 먹을 것을 달라고 하는데 아내는 집 안에 음식이 없다고 말했습니다.

조는 돈을 벌어야겠다고 결심하고서 자동차 판매를 시작했습니다. 그리고 피나는 노력을 기울인 끝에 자동차 판매업계에서 바람을 일으켰습니다. 14년 동안 13,001대의 차를 판매하고, 12년 동안 자동차 판매왕에 올랐습니다.

조가 자동차 판매왕이 될 수 있었던 비결은 무엇일까

요? 조가 '조 지라드의 법칙'이라고 이름 붙인 '250명의 법칙'이란 것이 있습니다.

"한 사람이 관계를 맺을 수 있는 사람은 대략 250명이에요. 그러므로 한 사람의 고객은 250명의 고객과 마찬가지이지요. 한 사람의 고객을 감동시키면 250명의 고객을 더 불러올 수 있지만, 한 사람의 신뢰를 잃으면 250명의 고객을 잃게 되는 것이지요. 나는 일주일에 50명의 사람을 만납니다. 한 달에 두 명만 내 태도를 못마땅하게 생각해도 연말이 되면 5,000명에 이르는 사람이 나에 대해 좋지 않은 생각을 갖게 되는 것이지요."

조는 철저하게 '250명의 법칙'에 따라 자동차 판매를 했습니다. 한 사람의 고객을 250명의 고객처럼 생각하고 소중하게 대했지요. 한 사람의 마음을 얻으면 250명을 함께 얻을 수 있지만 한 사람의 마음을 잃으면 250명을 동시에 잃어버린다는 사실을 잊지 않은 것입니다.

바람을 일으키다 많은 사람에게 영향을 미친다는 뜻.
⋯ 그 개그맨의 새로운 유행어가 아이들 사이에서 바람을 일으켰어요.

발 벗고 나서다

다치고, 상처 받고, 그래도 나는 다시 – 닉 부이치치

닉 부이치치는 태어날 때부터 두 팔과 두 다리가 없었습니다. 아이들은 닉에게 "괴물! 외계인!" 하며 놀려 댔습니다. 우울증에 빠진 닉은 세 번이나 스스로 목숨을 끊으려 했습니다.

어느 날, 어머니가 닉에게 신문 기사 하나를 보여 주었습니다. 아주 심한 장애를 이겨 낸 남자의 이야기였습니다. 닉은 세상에는 자신과 비슷한 사람이 많다는 것을 깨달았습니다. 몸에 장애가 있는 사람보다 마음에 장애가 있는 사람이 더 불행하다는 것도 알았습니다.

닉은 그동안 하지 못했던 일들을 하나씩 해 나갔습니다. 왼발에 있는 발가락 두 개를 사용해서 글씨를 쓰고 타자를 치는 법을 배웠습니다. 전화를 받거나 면도를 할 수도 있게 되었고, 많은 노력 끝에 수영과 축구, 서핑 같은 운동도 즐길 수 있게 되었습니다.

17살부터 닉은 자기처럼 신체가 자유롭지 못한 사람들을 위해 발 벗고 나섰습니다. 지구촌 곳곳을 돌아다니며 수많은 사람들에게 힘과 용기를 주고 감동을 선물했지요. 닉은 이렇게 말합니다.

"저는 어렸을 때 한번 넘어지면 일어설 수 없었죠. 그것은 매우 절망스럽고 비참한 경험이었습니다. 그러던 어느 날, 저는 혼자 힘으로 일어서겠다고 결심했습니다. 물론 그 일은 쉽지 않았어요. 죽을 만큼 힘들었죠. 하지만 저는 포기하지 않고 계속해서 노력했습니다. 그리고 마침내 일어설 수 있게 되었습니다.

혹시 여러분도 지금 넘어져 있다고 느끼십니까? 그렇다면 일어서십시오. 포기만 하지 않는다면 누구라도 일어설 수 있습니다. 팔다리가 없는 제가 일어설 수 있다면 팔다리가 있는 여러분은 훨씬 더 놀라운 일을 할 수 있을 것입니다."

발 벗고 나서다 앞장서서 열심히 적극적으로 일한다는 뜻.

⋯▸ 홍길동은 가난한 사람들을 위한 일이라면 항상 발 벗고 나섰습니다.

발길이 끊어지다

나이는 숫자에 불과하다 – 커넬 샌더스

커넬은 10년 넘게 해 온 식당 문을 닫아야 했습니다. 다른 쪽으로 큰길이 난 다음부터 손님들의 발길이 뚝 끊어졌거든요. 65세 노인, 커넬에게 남은 것이라곤 가게를 판 돈 105불과 자기가 개발한 '11가지 비밀 양념' 닭튀김 요리법이 전부였습니다.

커넬은 지난 세월을 돌아보았습니다. 변변히 학교도 제대로 못 다녔고, 하는 일마다 잘되지 않았습니다. 빚은 쌓여 갔고 사랑하는 아들은 교통사고로 잃었으며 아내와는 헤어졌습니다.

커넬은 살아갈 자신이 없었지만 힘을 냈습니다.

'나는 녹이 슬어 사라지기보다 다 닳아 빠진 후 없어지리라.'

커넬은 중고 승용차에서 먹고 자며 자신의 닭튀김 요리법을 팔러 다녔습니다. 하지만 아무도 거들떠보지 않았습니다. 커넬은 매일 차 안에서 홍보용으로 만든 닭튀김만 먹으며 온 미국을 돌아다녔습니다.

3년의 세월이 흘렀습니다. 그동안 1,008번이나 거절을 당했지만 커넬은 포기하지 않았습니다. 드디어 1,009번째가 되었을 때 요리법을 사겠다는 사람이 나타났습니다. 다행히 커넬의 치킨을 한번 맛본 사람들은 그 맛에 홀딱 반했습니다. 커넬의 치킨은 날개 돋친 듯 팔려 나가기 시작했습니다.

이렇게 해서 시작된 닭튀김 집이 바로 KFC입니다. 커넬이 처음으로 치킨을 팔기 시작한 지 60년이 지났을 때, 세계에는 17,000개 넘는 매장이 생겼습니다. 이 가게 앞에는 여전히 흰색 양복과 나비넥타이, 지팡이 차림의 커넬 샌더스가 서 있습니다.

발길이 끊어지다 사람들이 더 이상 찾아오지 않을 때 쓰는 말.
⋯▸ 날씨가 추워서 공원을 찾는 사람들의 발길이 끊어졌어요.

불을 보듯 훤하다

누구나 자기 이름은 소중하다 – 앤드류 카네기

미국의 철강왕 앤드류 카네기가 열 살 때였습니다. 기르던 토끼가 새끼를 여러 마리 낳았습니다. 혼자서는 도저히 토끼 먹이를 구할 수 없게 된 카네기는 동네 친구들을 불러 모아 이렇게 말했습니다.

"토끼풀을 가장 많이 구해 오는 사람의 이름을 새끼 토끼들의 이름으로 붙여 줄게."

아이들은 열심히 토끼풀을 구해 왔고, 자기 이름이 붙은 토끼들을 돌보는 데 시간과 정성을 아끼지 않았습니다. 카네기는 어렸을 때부터 사람들이 얼마나 자기 이름을 소중하게 생각하는지 알고 있었던 것입니다.

카네기가 '센트럴 차량 회사'를 운영하고 있었을 때였습니다. 한번은 유니언 퍼시픽 철도 회사의 일을 놓고 조지 풀먼이라는 사업가와 경쟁을 벌이게 되었습니다. 두 사람은 서로 값이 싸게 일해 주겠다고 철도 회사를 설득했지만, 철도 회사는 어느 쪽 편의 손도 들어 주지 않았습니다. 이러다가는 두 회사 모두 어려워질 게 불을 보듯 훤했습니다.

카네기는 풀먼을 만나 서로의 회사를 합하자고 말했습니다. 두 회사가 힘을 합해야 한다고 말했습니다. 그 말은 들은 풀먼은 선뜻 내키지 않는다는 표정으로 되물었습니다.

"새로운 회사의 이름은 어떻게 할 생각입니까?"

"그야 물론 '풀먼 차량 회사'지요."

카네기가 이렇게 대답하자, 풀먼도 좋다고 대답했습니다. 홀로 모든 것을 이뤄 낼 수는 없습니다. 주변 사람들을 부자로 만들어야 당신도 부자가 될 수 있습니다. 그러려면 먼저 상대방의 마음을 읽어야 합니다. 상대방이 무엇을 소중하게 생각하는지 알아야 하는 것이지요.

불을 보듯 훤하다 앞으로 일어날 일이 아주 분명하고 틀림없을 때 쓰는 말.

⋯ 그렇게 공부를 안 했으니 시험에 떨어질 것이 불을 보듯 훤했어요.

빛을 보다

알로호모라! – 조앤 롤링

1992년 10월, 조앤은 걸핏하면 폭력을 휘두르는 남편을 떠나기로 마음먹고, 태어난 지 4개월 된 딸과 함께 집을 나왔습니다. 조앤은 마땅한 일자리를 찾지 못해 1주일에 13,000원밖에 안 되는 정부 생활 보조금으로 하루하루를 살아갔습니다. 조앤은 소설을 쓰기로 결심했습니다. 오래전부터 생각해 두었던 줄거리가 머릿속에 떠올랐습니다. 추운 단칸방과 마을 카페를 오가며 조앤은 소설을 완성시켰습니다.

하지만 원고를 복사할 돈조차 없었습니다. 조앤은 8만 단어에 이르는 엄청난 양의 원고를 타자기로 쳐서 출판사에 보냈습니다. 그런데 아무도 조앤의 원고를 책으로 내려 하지 않았습니다. 무려 열두 군데나 되는 출판사에서 퇴짜를 맞았습니다. 그러다 블룸즈버리라는 출판사에서 겨우 책을 내 주기로 했습니다. 1997년에 500

부가 처음 세상에 나왔습니다.

이 소설이 빛을 보기 시작한 것은 그로부터 얼마 되지 않아서입니다. 미국 출판사가 2천만 원 가까운 돈을 주고서 판권을 사 간 것입니다. 이 소설은 미국에서 나오자마자 베스트셀러가 되었습니다. 이 소설이 바로 세계에서 두 번째로 많이 팔린 책, 〈해리 포터〉입니다.

"그 시기에 나는 정말 힘들었고, 그 긴 터널이 언제 끝날지도 알 수 없었다. 그렇지만 나는 살아 있었고, 사랑하는 딸이 있었고, 낡은 타자기와 엄청난 아이디어가 있었다. 세상을 바꾸는 데 마법은 필요하지 않다. 우리 안에 이미 그 힘은 존재하고 있다. 우리에겐 더 나은 세상을 상상할 수 있는 힘이 있다."

조앤의 말처럼 세상을 바꾸는 데 마법은 필요치 않답니다. 문이 닫혀 있는 것처럼 느껴질 때는 주문을 외우세요. 알로호모라!

빛을 보다 업적이나 보람 따위가 드러난다는 뜻.
⋯▶ 조앤 롤링의 재능이 빛을 본 것은 뛰어난 아이디어가 있었기 때문이지요.

뼈를 깎다

나는 더 이상 장애인이 아니다 – 레나 마리아

레나 마리아는 1968년 스웨덴에서 태어났습니다. 레나는 두 팔이 없고 한쪽 다리마저 짧습니다. 그러나 레나의 부모는 모든 걸 혼자서 해 나가도록 레나를 길렀습니다. 한번은 정원에서 놀고 있던 레나가 돌부리에 걸려 넘어지고 말았습니다. 엉엉 울고 있는 레나에게 엄마는 이렇게 말했습니다.

"저기 울타리까지 굴러가 보렴. 울타리에 기대면 혼자서도 일어설 수 있을 거야"

모든 것을 혼자의 힘만으로 해 나가는 것은 쉽지 않았습니다. 한쪽 다리로 일어서서 걷는 데는 3년이라는 시간이 필요했고 혼자서 옷을 입기까지에는 12년이라는 시간이 지나야 했습니다. 실패하고, 또 다시 시도하고, 뼈를 깎는 노력이 반복되었습니다.

레나는 3살 때부터 수영을 시작했고 18세에는 국가

대표가 되었습니다.

1986년, 세계 장애인 수영 대회에 출전한 레나는 50m 배영 종목을 포함해 4개의 금메달을 땄습니다. 시상대에 올라선 레나를 지켜본 스웨덴 국민들은 뜨거운 눈물을 흘렸습니다.

운동을 그만둔 레나는 재즈와 가스펠을 공부했습니다. '한 발의 디바', '천상의 목소리'로 격찬을 받는 레나는 지금까지 9장의 앨범을 내고, 전 세계를 돌며 절망과 실의에 빠져 있는 사람들에게 꿈과 용기, 희망을 전해 주는 가스펠 가수로서 활동하고 있습니다.

"저는 두 팔이 없지만, 노래는 할 수 있습니다. 무언가를 혼자서 할 수 없으면 장애인이지만, 혼자서 할 수 있다면 더 이상 장애인이 아닙니다. 그래서 나는 더 이상 장애인이 아닙니다."

뼈를 깎다 견디기 어려울 정도로 몹시 힘들고 고통스럽다는 뜻.
⋯▶ 뼈를 깎는 노력으로 연구에 몰두하는 사람만이 학자로서 인정받을 수 있지요.

세상을 떠나다

주인의 목소리 – 프랜시스 바로와 니퍼

1887년, 영국의 화가 프랜시스 바로의 형이 죽음을 맞이했습니다. 프랜시스는 형의 장례식을 치른 뒤, 형이 즐겨 듣던 축음기를 집으로 가져오기로 했습니다. 형이 기르던 강아지 니퍼도 자기가 기르기로 했습니다.

프랜시스는 형이 남긴 레코드를 살펴보았습니다. 음악 레코드도 있고, 형이 자기 목소리를 직접 녹음해 놓은 레코드도 있었습니다. 프랜시스는 반가운 마음에 형의 목소리가 담긴 레코드를 축음기에 걸었습니다. 형의 목소리가 흘러나왔습니다.

그때였습니다. 한쪽 구석에 웅크리고 엎드려 있던 니퍼가 벌떡 일어나더니, 축음기 앞으로 다가왔습니다. 그러고는 그 앞에 앉아 귀를 기울였습니다.

"왜 그러니, 니퍼? 너도 네 주인의 목소리가 그리운 거니?"

그 뒤로도 니퍼는 형이 갖고 있던 레코드를 틀거나 형의 목소리를 들려주면 어김없이 축음기 앞으로 달려왔습니다. 그러고는 그 앞에 앉아 귀를 기울였습니다.

"참, 기특한 녀석이군."

프랜시스는 축음기를 듣고 있는 니퍼의 모습을 그림으로 그렸습니다. 이 그림을 본 레코드 회사에서는 자기 회사의 광고 그림으로 쓰겠다면서 이 그림을 사 갔습니다. 그 뒤로 축음기 앞에서 귀를 기울이고 있는 니퍼의 그림은 여러 레코드 회사의 광고 그림으로 사용되었습니다.

1895년 9월, 나이가 든 니퍼는 세상을 떠났습니다. 프랜시스와 가족들은 니퍼를 공원에 묻고 조그만 비석도 세워 주었습니다. 그렇지만 축음기 앞에 앉아 귀를 기울이고 있는 니퍼의 모습은 아직도 세계 곳곳의 레코드 회사와 박물관에서 볼 수 있답니다.

세상을 떠나다 '죽다'는 말을 부드럽게 하는 말.
⋯ 심청의 어머니는 어린 심청을 남겨 두고 세상을 떠나고 말았다.

속에서 불이 나다

도전하라, 겁이 나더라도 - 찰스 허버트 베스트

1915년 캐나다 토론토 대학교. 의학 석사 학위를 받은 젊은이들이 꿈에 부풀어 있었습니다. 이들 가운데 가장 우수한 두 학생에게 지도 교수가 물었습니다.

"지금 자네들이 하고 있는 연구는 매우 중요한 연구라네. 자네들 중 한 명이 학교에 남아서 나와 함께 연구를 계속하면 좋겠는데."

하지만 학교에 남아서 연구를 계속하는 것은 쉬운 일이 아니었습니다. 연구가 꼭 성공한다는 보장도 없었고 돈을 많이 벌 수도 없었으니까요. 반대로 밖에 나가서 의사로 일하면 사람들의 존경도 받고 돈도 많이 벌 수 있었지요.

두 젊은이는 어느 길을 선택해야 할지 고민을 거듭했습니다. 마침내 한 젊은이가 대학에 남아 연구를 계속하기로 결심했습니다.

그로부터 8년이 지난 1923년 어느 날, 의사가 된 친구는 신문을 읽다가 깜짝 놀랐습니다. 자기 대신 대학 연구실에 남았던 친구, 찰스 허버트 베스트가 개의 췌장에서 인슐린을 발견한 공로로 노벨 의학상을 받게 되었다는 기사가 실려 있었습니다.

의사가 된 친구는 속에서 불이 나는 듯했습니다. 가슴을 치며 후회했습니다.

'그때 내가 학교에 남았더라면 내가 노벨상을 탈 수도 있었을 텐데.'

모든 도전은 힘들고 어려운 것입니다. 성공하기보다는 실패할 확률이 더 높습니다. 하지만 그렇더라도 실패가 겁이나 도전을 포기해서는 안 됩니다. 도전하지 않고는 성공할 수도 없으니까요.

속에서 불이 나다 몹시 화가 나거나 속이 상할 때 하는 말.
⋯ 일본이 독도가 자기 땅이라고 우기는 것을 보니 속에서 불이 나는 듯했습니다.

속이 타다

나 아니라도 된다 – 토머스 왓슨

컴퓨터 회사 IBM의 총재 토머스 왓슨은 정말 열심히 일하는 사람이었습니다. 날마다 늦게까지 일하고 휴일도 없이 일했습니다. 어느 날, 가슴이 몹시 답답해 병원으로 갔습니다. 의사가 왓슨더러 심장병에 걸렸다고 했습니다.

"병세가 심각해요. 입원해서 치료를 받으세요."

그러자 왓슨은 속이 타서 이야기했습니다.

"내가 어떻게 시간을 내겠소? 지금도 내 결재를 받으려고 기다리는 직원들이 줄을 서 있는데…."

그러자 의사가 왓슨의 팔을 잡아끌었습니다.

"나랑 같이 어디 좀 갑시다."

의사는 어디 간다는 말도 없이 왓슨을 차에 태웠습니다. 차가 멈추어 선 곳은 어느 공동묘지였습니다. 의사가 무덤 하나하나를 가리키며 말했습니다.

"당신이나 나나 언젠가는 이곳에 누워 있게 될 것이오. 그리고 당신이 죽으면 누군가 당신을 대신해서 일할 거요."

다음 날, 왓슨은 회사에 사표를 집어던지고 병원에 입원했습니다. 병이 나은 후에도 자유롭게 시간을 보냈습니다. 물론 회사도 망하지 않고 잘 돌아갔습니다.

속이 타다 걱정이 되어 마음이 조급해질 때 쓰는 말.
⋯▶ 아내의 속이 타는 줄도 모르고 허생은 그저 방에서 책만 보았어요.

손에 땀을 쥐다

유명한 팔씨름 시합 – 커트 허월드와 허브 켈러허

　미국의 사우스웨스트 항공사가 '저스트 플레인 스마트(그냥 영리하게 비행하세요)'라는 슬로건을 내걸고 광고를 할 때였습니다. 어느 날, 스티븐스 항공사에서 항의 전화가 걸려 왔습니다. 자기 회사에서 먼저 '플레인 스마트(영리하게 비행하세요)'란 문구를 사용하고 있었다는 것입니다.

　큰일이었습니다. 엄청난 돈을 들인 사우스웨스트 항공사는 광고를 그만둘 수가 없었습니다. 법원에 가서 소송을 하기도 어려웠습니다. 판결이 나기까지 2~3년은 족히 걸릴 것이고 비용도 수십만 달러가 넘게 들어갈 것이 분명했으니까요.

　그런데 커트 허월드 스티븐스 항공사 회장이 허브 켈러허 사우스웨스트 항공사 회장에게 독특한 해결책을 내놓았습니다. 두 사람이 팔씨름을 해서 이긴 사람이 광고 문구를 사용하고, 진 사람은 자선 단체에 기부를 하자는 것입니다. 켈러허 회장도 좋다고 했습니다.

　1992년 3월 20일, 한 레슬링 경기장에 방송사와 신문사 기자들이 잔뜩 모였습니다. 재미있는 팔씨름 구경을 놓치고 싶지 않은 시민들도 구름처럼 몰려들었습니다. 드디어 허월드 회장과 켈러허 회장의 팔씨름 시합이 시작됐습니다. 35초 동안 두 사람은 서로 팽팽히 맞섰습니다. 사람들이 손에 땀을 쥐었습니다. 마침내 켈러허 회장의 손등이 바닥에 닿고, 시합은 허월드 회장의 승리로 끝났습니다.

　약속대로 켈러허 회장은 10만 달러를 기부했는데, 놀랍게도 허월드 회장은 사우스웨스트가 광고 문구를 계속 쓸 수 있도록 허락해 주었습니다. 3년 뒤, 스티븐스 항공사는 승객수가 네 배로 늘었고, 사우스웨스트 항공사의 주가는 두 배로 뛰었답니다.

손에 땀을 쥐다　아슬아슬하여 마음이 몹시 조마조마할 때 쓰는 말.
⋯▸ 높은 곳에서 줄을 타는 마술사를 보고 있자니 나도 모르게 손에 땀을 쥐게 되었어요.

손을 내밀다

끈기가 곧 신용이다 – 후지타 덴

1971년, 후지타 덴은 일본에 맥도날드 가게를 내고 싶었습니다. 햄버거처럼 간편한 음식은 미국보다 일본에서 더 잘 팔릴 것 같았습니다. 그러나 일본에서 맥도날드를 내려면 75만 달러라는 큰돈이 있어야 했습니다. 대학을 졸업한 지 겨우 6년째가 된 후지타에게는 지금까지 모아 둔 돈이라야 5만 달러가 전부였습니다.

여기저기 아는 사람에게 열심히 돈을 구하러 다녀 봤으나 5달 동안 4만 달러를 더 모았을 뿐입니다. 후지타는 앞이 막막했습니다.

'여기서 포기할까? 아니야, 세상에서 가장 쉬운 것이 포기야. 그리고 가장 어려운 것이 끝까지 해 보는 것이지.'

후지타는 마지막으로 한 은행 총재를 찾아가 손을 내밀기로 했습니다. 후지타는 자기가 5만 달러를 어떻게 모았는지부터 설명했습니다.

"대학을 졸업하고 취직해서 6년 동안 매달 월급의 3분의 1을 저축했습니다."

은행 총재는 그 은행에 확인해 보았습니다.

"후지타라는 젊은이는 정말 예의 바르고 끈기 있는 젊은이입니다. 비가 오나 눈이 오나 매달 정확한 시간에 저축을 하러 왔지요."

은행 총재는 이 말을 듣고, 아무 조건 없이 돈을 빌려주겠다고 했습니다.

"젊은이가 포기하지 않으면 실패하지도 않을 것입니다."

후지타가 시작한 일본의 맥도날드는 전국에 1만 4,000개 매장을 거느리고 1년에 50억 달러의 햄버거를 팔 만큼 커졌습니다. 사람들은 후지타를 일본 햄버거의 아버지라고 부릅니다.

손을 내밀다 무언가를 달라고 요구하거나 구걸한다는 말.
⋯ 아무리 돈이 없더라도 최 영감에게 손을 내밀 생각은 조금도 없었습니다.

손을 놓다

길은 하나만 있는 게 아니다 – 엘자 스키아파렐리

　엘자 스키아파렐리는 화려한 디자인으로 유명한 패션 디자이너입니다. 엘자가 처음으로 패션쇼를 열게 되었을 때의 이야기입니다. 엘자는 열심히 패션쇼를 준비했습니다. 디자인을 점검하고 옷감들을 사들였습니다.

　그런데 패션쇼를 13일 남겨 두고 재봉사들이 파업에 들어가 버렸습니다. 돈을 더 달라며 손을 놓아 버린 것입니다. 재봉사들이 일을 하지 않으면 패션쇼는 할 수 없게 됩니다. 엘자와 모델들은 한숨을 쉬었습니다.

　아버지 생각이 났습니다. 엘자가 어릴 때, 아버지는 엘자를 데리고 교회의 종탑 꼭대기로 오르곤 했습니다. 도시가 한눈에 내려다보였습니다. 쭉쭉 뻗은 길들이 도시 한가운데 있는 광장으로 모이고 있었습니다.

　아버지가 말했습니다.

　"엘자야, 저거 보렴. 광장에 이르는 길은 하나가 아니란다."

엘자를 향해 한 줄기 빛이 비치는 것 같았습니다.

"맞아. 길은 하나가 아니야! 패션쇼에 꼭 완성작을 내라는 법은 없잖아?"

엘자는 다시 패션쇼 준비를 하기 시작했습니다. 밤낮을 가리지 않고 옷감을 자르고 재봉질을 했습니다.

패션쇼를 하는 날이 밝았습니다. 사람들은 엘자의 옷들을 보고 눈이 휘둥그레졌습니다. 어떤 옷은 소매가 없고, 어떤 옷은 한쪽 다리만 있었습니다. 어떤 옷은 천 밑에 두터운 솜이 그대로 드러나 있었고, 디자인이 그려진 도화지 위에 천만 달랑 놓여 있기도 했습니다.

'사람들이 어떻게 생각할까? 내 생각을 알아 줄까?'

엘자는 걱정이 태산 같았습니다. 그러나 괜한 걱정이었습니다. 다음 날부터 옷을 만들어 달라는 주문서가 곳곳에서 날아들기 시작했으니까요.

손을 놓다 하던 일을 그만두거나 잠시 멈추었다는 뜻.
⋯▸ 냄새 때문에 잠시 손을 놓을 수밖에 없었습니다.

손을 맞잡다

화합과 통합의 대통령 – 버락 오바마

　버락 오바마는 고등학교에 다닐 때 농구 선수로 활약하고 있었습니다. 농구가 오바마에게는 가장 친한 친구가 되어 주었습니다. 농구를 하는 동안에는 백인 친구들과 함께 어울릴 수 있었고, 흑인 친구들과도 더 친하게 지낼 수 있었습니다.

　어느 날 오바마는 경기에서 주전 선수로 뛰게 되었습니다. 열심히 최선을 다했지만 그날 경기는 지고 말았습니다. 사람들이 오바마를 욕했습니다. 마음이 상한 오바마는 친구에게 푸념을 늘어놓았습니다.

　"사람들이 나만 욕해. 내가 흑인이기 때문일 거야."

　오바마는 자신이 부당한 대우를 받고 있다고 생각했습니다. 이야기를 듣고 있던 친구 레이가 말했습니다.

　"네가 흑인이기 때문에 관중들이 너를 욕한 것이 아니야. 네가 연달아 두 번이나 골을 넣지 못했기 때문에 욕하는 거야."

오바마는 그 말을 듣고 많은 생각을 했습니다.

"그래! 내가 흑인이기 때문에 또는 내가 백인과 다르기 때문에, 이런 생각을 이제 날려 버려야 해. 나는 나를 '흑인 오바마'가 아닌 '인간 오바마'로 가꾸어 나가야 해!"

오바마는 좋은 흑인이 아니라 좋은 사람이 되어야 한다고 생각했습니다. 흑인과 백인으로 나누어진 미국이 아니라, 흑인과 백인이 손을 맞잡고 살기 좋은 세상을 만들어야 한다고 생각했습니다. 오바마의 이런 생각에 미국 국민들은 박수를 보냈습니다. 결국 오바마는 3억 인구 가운데 75%가 백인이고, 흑인은 13%밖에 안 되는 미국에서 흑인으로서는 처음으로 미국 대통령에 당선되었습니다.

손을 맞잡다 서로 뜻을 같이 하여 도움을 주고받는다는 말.

⋯ 부모님과 선생님 들은 손을 맞잡고 온 힘을 다해 왕따를 줄이기로 했습니다.

숨 쉴 사이 없다

하고 싶은 일을 하라 – 스티브 잡스

"오늘이 내 인생의 마지막 날이라면 지금 내가 하려고 하는 일을 하고 싶을까?"

애플 컴퓨터를 세운 스티브 잡스는 매일 아침 거울을 보며 스스로에게 이 질문을 던진다고 합니다.

잡스가 대학에 특강을 나갔을 때였습니다. 여자 친구가 다니던 대학이었습니다. 특강이 끝나고 나면 중요한 회의가 있어서 회사로 돌아가야 했습니다. 그 순간 잡스는 생각했습니다.

'내가 만약 내일 죽는다면 회사일을 하기보다 여자 친구를 만나는 게 후회가 없을 거야.'

잡스는 회사를 가는 대신 여자 친구를 만났고, 여자 친구는 나중에 잡스의 부인이 되었습니다.

한번은 잡스가 신제품을 개발하고 있을 때였습니다. 직원 한 명이 물었습니다.

"소비자들이 이 제품에 대해 어떻게 생각하는지 설문 조사를 해 보는 게 좋지 않을까요?"

그러자 잡스는 딱 잘라 말했습니다.

"벨이 전화기를 발명할 때 사람들한테 물어보고 만들었을까?"

잡스는 잘 팔릴 것 같은 물건이 아니라, 만들고 싶은 물건을 만들었습니다. 늘 "다르게 생각하라!"고 말하면서 아이팟, 아이폰, 아이패드 등 깜짝 놀랄 만한 신제품들을 숨 쉴 사이 없이 세상에 내놓았지요.

무엇을 해야 할지 모르겠다고요? 스스로에게 물어보세요. '오늘이 내 인생의 마지막 날이라면 지금 내가 하려는 일을 하고 싶을까?'

숨 쉴 사이 없다 좀 쉴 만한 여유도 없이 몹시 바쁘다는 말.
⋯▸ 사장님은 방금 사무실에 오셨다가 숨 쉴 사이도 없이 그냥 가셨어요.

숨을 거두다

최고의 서비스, 한 알의 포도 – 다카시마야 백화점

백혈병에 걸린 여자아이가 있었습니다. 여러 가지 치료를 한 보람도 없이 아이는 다섯 살이 되자 죽음만을 기다리게 되었습니다.

의사가 아이 아버지에게 말했습니다.

"먹고 싶은 것이 있으면 먹이도록 하세요."

아버지는 아이에게 무엇이 먹고 싶은지 물었습니다.

"아빠, 포도가 먹고 싶어요."

그러나 때는 겨울, 포도를 파는 과일 가게는 한 군데도 없었습니다. 아버지는 혹시 하는 마음으로 다카시마야 백화점을 찾아갔습니다.

"저, 혹시 포도가 있나요?"

"예, 있습니다. 이쪽입니다."

과일 코너, 커다란 거봉 포도가 상자에 담겨 있는데 값이 3만 엔이었습니다. 병원비로 가진 돈을 모두 써 버렸기 때문에 그런 돈이 없었습니다.

"저, 한두 알이라도 좋습니다. 조금만 팔 수는 없겠습니까?"

포도를 떼어 내면 비싼 값에 팔 수가 없게 됩니다. 그러나 점원은 아무 말 없이 상자에서 포도를 꺼냈습니다. 그러고는 가위로 포도를 조금 떼어내 작은 상자에 담아 예쁜 포장지로 싸 주었습니다.

"자, 2천 엔입니다."

아버지는 떨리는 손으로 포도를 받아 들고는 날 듯이 병원으로 돌아왔습니다.

"자, 네가 먹고 싶어 하는 포도다!"

여자아이는 비쩍 마른 손으로 포도 한 알을 입에 넣었습니다.

"아빠, 맛있어요. 정말로 맛있어요."

아이는 조금 뒤에 조용히 숨을 거두었습니다.

숨을 거두다 '죽다'를 부드럽게 이르는 말.
⋯▸ 많은 학생들이 세월호 사고로 숨을 거두고 말았어요.

시치미를 떼다

메기 효과 – 노르웨이의 어부

물 온도가 낮은 북해에서는 청어가 많이 잡힙니다. 그래서 북유럽 사람들은 청어를 매우 즐겨 먹습니다. 배에서 그물로 청어를 잡으면 소금에 절여서 운반하고 통조림으로 만들어서 판매합니다.

그런데 예전에는 먼바다에서 청어를 잡아 육지로 운반해 오는 도중에 청어들이 많이 죽었다고 합니다. 죽은 청어는 어시장에서 비싸게 팔 수 없었습니다. 그래서 어부들은 어떻게 하면 청어를 살려서 시장까지 운반해 올 수 있을까 하고 궁리에 궁리를 거듭했습니다.

그러다 어느 날, 사람들은 노르웨이의 한 어부가 살아서 펄펄 뛰는 청어를 팔고 있는 것을 보았습니다. 그 어부는 금세 부자가 될 것 같았습니다. 다른 어부들이 그 어부에게 어떻게 청어를 살려서 가져왔는지 물어보았지만, 그 어부는 **시치미를 뚝 떼고** 자기만의 비법을 절대로 알려 주지 않았습니다.

　세월이 흘러 그 어부가 나이가 들어 죽었습니다. 사람들은 그 어부의 배 안을 들여다보았습니다. 청어들 사이에 커다란 메기 한 마리가 있었습니다.

　"아하, 비법이 바로 이거였군."

　커다란 메기는 청어를 잡아먹고 살고 있었습니다. 청어들은 메기에게 먹히지 않으려고 죽어라 도망을 다니고 있었습니다. 청어 수백 마리 가운데 몇 마리는 메기에게 잡아먹히겠지만 살아난 다른 청어들은 배가 육지에 도착할 때까지 싱싱하게 살아오는 것이었습니다.

시치미를 떼다　알고 있으면서도 전혀 모르는 체할 때 쓰는 말.

⋯▸ 도둑은 자기는 절대 훔치지 않았다며 손까지 저으며 시치미를 떼었습니다.

어깨가 처지다

격려에 대한 보답 – 토머스 에디슨과 헨리 포드

1891년, 포드는 전기 기술을 배우기 위해 '에디슨 조명 회사'에 들어갔습니다. 포드가 자동차를 만들고 싶다고 하자 에디슨은 포드의 어깨를 두드리며 격려해 주었습니다. 포드는 열심히 자동차를 만들었습니다.

그러나 쉬운 일이 아니었습니다. 겨우 만든 자동차는 고장이 많고 소음이 심했기 때문에 사람들은 자동차를 시끄러운 장난감 정도로 생각할 뿐이었지요. 포드는 몇 차례나 자동차 개발을 그만둘까 하는 생각을 했습니다. 그러나 그럴 때마다 에디슨은 어깨가 축 처져 있는 포드를 따뜻한 말로 위로해 주었습니다.

"포기하지 말고 더욱 열심히 하게나. 나는 자네가 반드시 성공할 것이라고 믿네. 자네가 만드는 자동차는 사람들 생활에 아주 큰 변화를 가져올 거야."

포드는 힘과 용기를 얻었고 마침내 1908년 세계 최초로 값싼 자동차 T형 포드를 만들어 냈습니다. 몇 년 뒤, 포드 자동차 회사는 미국에서 가장 큰 자동차 회사가 되었습니다.

이 모든 것이 에디슨 덕분이라고 생각한 포드는 새 차가 나올 때마다 에디슨에게 선물했습니다. 에디슨의 공장에 불이 나 잿더미로 변해 버리자, 포드는 에디슨에게 75만 달러를 주며 말했습니다.

"돈이 더 필요하면 얼마든지 빌려 드리겠습니다."

1931년, 에디슨의 죽음이 눈앞에 이르자 포드는 에디슨의 가족에게 에디슨이 마지막으로 내쉰 숨을 병에 담아 자신에게 달라고 부탁했습니다. 에디슨이 죽고 나서 에디슨의 가족은 에디슨의 '마지막 숨'이 담긴 병을 포드에게 주었습니다. 포드는 죽기 전까지 이 병을 소중하게 간직했습니다. 이 병은 지금 헨리 포드 기념관에 보관되어 있습니다.

어깨가 처지다 마음이 상하여 풀이 죽고 기가 꺾였다는 뜻.
⋯▸ 장수를 잃은 병사들은 어깨가 축 처져서 기운 없이 걸어가고 있었어요.

어깨를 겨루다

리더십의 황제를 만든 가정 교육 – 잭 웰치

잭 웰치는 세계에서 가장 존경받는 경영인 가운데 한 사람입니다. 하지만 어렸을 때는 몸집도 작고 말도 더듬었기 때문에 친구들 사이에서 놀림감이 되곤 했습니다. 어머니는 잭에게 늘 이렇게 말했습니다.

"네가 말을 더듬는 이유는 생각의 속도가 너무 빨라서 입이 그 속도를 따라가지 못하기 때문이란다. 걱정 말아라. 너는 커서 큰 인물이 될 거야."

어머니 덕분에 잭은 자신감을 잃지 않았습니다. 그래서 말 더듬는 버릇도 차차 고칠 수 있었습니다.

잭이 고등학교 때는 아이스하키 팀의 주장이었습니다. 서로 어깨를 겨루는 라이벌 고등학교와 예선전 마지막 경기를 치르고 있을 때였습니다. 잭은 주장답게 두 골을 먼저 넣었습니다. 승부는 일찌감치 결정 난 것처럼 보였습니다.

그런데 경기가 끝날 즈음에 그만 두 골을 허용해 연장전까지 갔습니다. 결국 잭의 고등학교가 경기에서 지고 말았습니다. 화가 난 잭은 하키 스틱을 얼음판 위에 던지고 경기장에서 나가 버렸습니다. 그러자, 어머니가 달려와 말했습니다.

"잭, 네가 만일 패배를 받아들일 줄 모르면 멋지게 승리하는 방법 또한 결코 알 수 없을 거야."

이 일이 있은 뒤로 잭은 패배를 결코 두려워하지 않게 되었습니다.

어깨를 겨루다 서로 지위가 비슷하거나 힘이 비슷하다는 뜻.
…▶ 전하께서는 세상의 군주와 어깨를 겨룰 수 있도록 황제가 되셔야 합니다.

어깨를 짓누르다

내일 일을 염려하지 마라 – 윌리엄 오슬러

윌리엄 오슬러가 캐나다 몬트리올 종합 병원에서 실습을 하던 때였습니다. 윌리엄은 며칠 앞으로 다가온 학기말 시험 때문에 걱정이 많았습니다. 그뿐만 아니라 앞으로 자기가 잘할 수 있을까 하는 생각에 몹시 불안했습니다.

'과연 시험은 잘 치를 수 있을까? 나는 앞으로 의사로서 성공할 수 있을까? 이렇게 살면 나는 괜찮은 것일까? 앞으로 어떤 어려움들이 내게 닥쳐올까?'

윌리엄의 머릿속은 온갖 근심거리들로 가득 차 있었습니다.

어느 날, 윌리엄은 우연히 친구의 책상 위에 놓인 책을 읽게 되었습니다.

'우리에게 중요한 것은 저 멀리 희미하게 보이는 것을 바라보는 것이 아니다. 중요한 것은 우리 가까이 놓여

있는 것을 잘하는 것이다.'

영국의 철학자 토머스 칼라일이 쓴 글이었습니다. 순간, 윌리엄의 어깨를 짓누르던 온갖 걱정거리가 씻은 듯 사라졌습니다. 그리고 열심히 공부에만 매달릴 수 있었습니다.

윌리엄은 그 후, 미국 최고의 의대 존스 홉킨스 의과 대학을 세우고, 옥스퍼드 대학의 의학과 교수로 일했습니다. 영국 왕실로부터 기사 작위도 받았습니다. 40년 후 윌리엄은 예일 대학에서 강연을 하면서 말했습니다.

"나는 이번 강연을 위해 큰 기선을 타고 대서양을 건너왔습니다. 나는 선장이 일하는 모습을 보았습니다. 기계들이 소리를 내며 질서 있게 움직이는 모습도 보았습니다. 여러분도 배를 조종하듯 자신을 조종해야 합니다. 내일 일을 걱정하지 말고 최선을 다해 오늘을 살아야 합니다. 내일을 준비하는 가장 좋은 방법은 오늘 일을 완벽하게 해내는 것입니다."

어깨를 짓누르다 걱정이나 책임감 때문에 힘들고 괴로울 때 쓰는 말.
⋯▸ 사람들을 괴롭히고 있다는 죄책감이 어깨를 짓눌러 왔습니다.

어깨에 힘을 주다

관심과 배려 – 시어도어 루스벨트

시어도어 루스벨트는 미국의 제26대 대통령입니다. 한번은 루스벨트의 비서인 제임스 아모스의 아내가 루스벨트에게 메추라기에 대해 물어보았습니다. 아모스 부인은 그때까지 한 번도 메추라기를 본 적이 없었답니다. 루스벨트는 친절하게 메추라기에 대해 설명해 주었습니다. 며칠 후 아침, 아모스에게 전화가 왔습니다. 루스벨트였습니다.

"아내와 함께 얼른 뒤뜰로 가 보게나. 거기 지금 메추라기가 한 마리 있다네."

루스벨트는 자기가 대통령이라고 해서 어깨에 힘을 주고 다니는 사람이 아니었습니다. 신분이 낮은 사람도 세심하게 배려하는 대통령, 사람에게 깊은 관심을 갖고 또 사람을 존중하는 대통령이었습니다.

하루는 대통령에서 물러난 루스벨트가 백악관을 찾았

습니다. 루스벨트가 저녁을 먹으려고 행사장으로 들어서다가 부엌에서 일하던 앨리스와 마주쳤습니다. 앨리스의 손에는 옥수수빵이 몇 개 들려 있었습니다.

"앨리스, 아직도 옥수수빵을 자주 만드나?"

"아닙니다. 요즘 윗분들은 잘 드시지 않는답니다. 우리가 먹으려고 가끔 만들 뿐이에요."

"저런, 그 사람들이 빵 맛을 잘 모르는군. 태프트 대통령을 만나면 자네의 빵 솜씨를 말해 주지. 어디, 그 빵 한 조각만 줘 보겠나?"

루스벨트는 빵을 손으로 뜯어먹으며 말했습니다.

"고맙네, 앨리스. 예나 지금이나 자네는 세상에서 가장 맛있는 빵을 만드는 사람이야."

시어도어는 그리스어로 '축복받은 신의 선물'이라는 뜻입니다. 시어도어 루스벨트는 신이 내린 선물과 같이 많은 사람들에게 축복과 기쁨을 안겨 주었답니다.

어깨에 힘을 주다 잘난 체하며 남을 업신여기는 태도를 보인다는 뜻.

⋯▸ 반장이 되었다고 너무 어깨에 힘을 주는 것 아냐?

엉덩이가 근질근질하다

최초의 흑인 주지사 – 로저 롤스

로저 롤스는 미국 뉴욕의 빈민가에서 태어난 흑인입니다. 어려서부터 동네 아이들과 어울려 다니며 싸우고 욕하고 학교도 걸핏하면 가지 않았습니다. 온갖 못된 짓이란 못된 짓은 다 하고 다녔지요.

그날은 오랜만에 학교에 갔지만, 교실에 앉아 있자니 엉덩이가 근질근질했습니다. 그래서 로저는 슬며시 교실 창문 밖으로 뛰어내렸습니다. 그런데 하필 그때 피어 폴 선생님이 거기에 서 있었습니다. 폴 선생님은 새로 오신 교장 선생님이었습니다. 폴 선생님은 로저를 불러 세우고는 이렇게 말했습니다.

"선생님이 어렸을 때 마을에 유명한 점쟁이가 살고 있었거든. 그 점쟁이는 손금을 아주 잘 보았는데, 나에게 커서 선생님이 될 거라고 예언했지. 그런데 신기하게도 지금 난 이렇게 선생님이 되었단다. 그래서 나도 손금을 보면 그 사람의 미래를 알 수 있어. 지금까지 한 번도 틀린 적이 없지. 네 손금을 봐 줄게."

그러더니 폴 선생님은 깜짝 놀라며 말했습니다.

"야, 정말 굉장한데. 너는 커서 뉴욕의 주지사가 될 거야. 분명해."

'내가 뉴욕의 주지사가 될 거라고?'

로저는 폴 선생님의 말씀이 믿어지지 않았으나 한 번도 손금이 틀린 적이 없었다는 선생님의 말씀을 믿지 않을 수도 없었습니다.

그때부터 로저는 자신은 뉴욕의 주지사가 될 것이라고 믿고 주지사가 되기 위해서 나쁜 버릇을 버렸습니다. 공부도 열심히 했습니다. 주지사가 되려면 훌륭한 사람이 되어야 한다고 생각했기 때문입니다. 로저는 51세에 뉴욕의 53대 주지사이자 미국 역사상 최초의 흑인 주지사가 되었습니다.

엉덩이가 근질근질하다 가만히 앉아 있지 못하고 자꾸 일어나 움직이고 싶어 한다는 뜻.

⋯▶ 공부한 지 얼마나 지났다고 몸을 비비 꼬니? 벌써 엉덩이가 근질근질하니?

입에 달고 다니다

대접받고 싶은 대로 대우하라 – 메리 케이 애시

메리 케이 애시는 세계 3대 화장품 판매 회사의 사장입니다. 그러나 메리도 처음에는 아주 힘든 시간을 보냈습니다. 일곱 살 때부터 직장에 다니는 어머니를 대신해 병든 아버지를 돌보아야 했습니다. 고등학교 때는 전 과목에서 A를 받을 만큼 공부를 잘해서 의사가 되는 것이 꿈이었지만, 집안 형편이 어려워 대학을 갈 수 없었습니다.

남편마저 일찍 하늘로 보낸 메리는 40세가 넘어서야 화장품 회사를 차려서 아주 큰 회사로 길렀습니다. 메리는 가장 중요한 것은 돈이 아니라, 사람과 사랑이라고 생각했습니다. 메리가 입에 달고 다니는 원칙이 하나 있습니다. '자기가 대접받고 싶은 대로 남을 대우하라'는 것입니다.

메리는 회사에 사원이 새로 들어오면 꼭 함께 저녁을

먹었습니다. 그날도 새로 일을 시작한 신입 사원들과 저녁을 먹기로 했습니다. 그런데 대통령에게서 연락이 왔습니다. 백악관에서 행사가 있다는 것이었습니다. 메리는 어떻게 하나, 하고 잠시 망설였지만 대통령에게 가지 않고, 신입 사원들에게 갔습니다. '대접받고 싶은 대로 대우하라'는 원칙을 지킨 것이지요.

메리는 자기가 쓴 책 〈핑크 리더십〉에서 이렇게 말했습니다.

"북적대는 방에서 내가 누군가와 대화를 한다면, 나는 그 방에 우리 둘만 있는 것처럼 그를 대한다. 모든 것을 무시하고 그 사람만 쳐다본다. 고릴라가 들어와도 나는 신경 쓰지 않을 것이다. 누군가를 만나면 그 사람의 가슴에 '존중받고 싶다'는 보이지 않는 목걸이가 걸려 있다고 생각하고, 누군가와 대화할 때는 오직 상대의 이야기에만 주의를 기울이라."

입에 달고 다니다 어떤 말을 자주 되풀이할 때 쓰는 말.
⋯▸ 어머니는 몸이 약해서서 아프다는 말을 입에 달고 다녔습니다.

입에 풀칠하다

포기할 줄 모르는 사람 – 에이브러햄 링컨

1809년: 세상에 태어났습니다.

7살: 가족들이 살던 집에서 쫓겨나, 가족을 먹여 살리기 위해 일자리를 찾았습니다.

9살: 어머니가 죽었습니다.

22살: 사업에 실패했습니다.

23살: 주 의회 선거에서 떨어지고 일자리도 잃었습니다.

24살: 친구에게 돈을 빌려 사업을 하다가 실패했습니다. 16년에 걸쳐 빚을 갚았습니다.

26살: 결혼식을 앞두고 약혼녀가 죽었습니다.

27살: 신경 쇠약에 걸려 6개월 동안 몸져누웠습니다.

34살: 국회 의원 선거에서 떨어졌습니다.

39살: 국회 의원 선거에서 떨어졌습니다.

46살: 상원 의원 선거에서 떨어졌습니다.

47살: 부통령 선거에서 졌습니다.

49살: 상원 의원 선거에서 떨어졌습니다.

51살: 미국 16대 대통령에 당선되었습니다.

에이브러햄 링컨이 살아온 길입니다. 입에 풀칠하기도 힘든 가난한 집에서 태어난 링컨은 일생 동안 수없이 좌절과 맞서야 했습니다. 그렇지만 포기하지 않고 노력한 결과, 마침내 대통령이 되었습니다.

"이 길은 매우 험합니다. 한쪽 발이 미끄러지면 다른 한쪽 발도 버티기 힘듭니다. 하지만 저는 천천히 숨을 깊게 쉰 다음 스스로에게 말합니다. 그냥 한 번 미끄러진 것뿐이야. 죽은 것도 아니잖아. 저는 이 한마디로 제 자신을 격려해 왔습니다."

링컨이 국회의원 선거에서 떨어진 뒤 한 말입니다.

입에 풀칠하다 겨우겨우 힘들게 먹고살아간다는 뜻.

⋯▸ 선생님이 받는 월급으로는 입에 풀칠하기도 어려웠어요.

입에서 신물이 나다

최고의 사회자 — 샐리 제시 라파엘

　샐리 제시 라파엘은 미국의 아주 유명한 토크쇼 진행자입니다. 처음에 샐리가 방송국에서 일하고 싶어 했을 때, 샐리를 원하는 방송국은 한 군데도 없었습니다. 어렵사리 들어간 방송사에서도 샐리는 곧 해고를 당했습니다. 시청자를 끌어들일 매력이 없다고 하는 데도 있었고, 진행이 무엇인지도 모른다며 비웃는 방송국도 있었습니다. 시대에 뒤떨어졌다는 지적도 받았습니다. 몇 년 동안 샐리는 끊임없이 일하고 끊임없이 해고당했습니다. 30년 동안 18번이나 해고를 당했으니까요.

　그러나 샐리는 결코 기가 죽지 않았습니다. 샐리는 새로운 토크쇼 기획안을 보여 주고 NBC 방송국에서 겨우 일자리 하나를 얻었습니다. 그런데 샐리에게 주어진 일은 토크쇼가 아니라 정치 프로그램이었습니다.

　"정치를 잘 모르는 내가 과연 잘할 수 있을까?"

샐리는 잠시 망설였지만, 마음을 굳게 먹고 해 보기로 했습니다. 방송에는 자신이 있었습니다. 7월 4일 독립 기념일에 대한 방송이었습니다. 샐리가 먼저 자신의 느낌을 이야기하고, 전화를 건 시청자가 또 느낌을 이야기하는 식으로 방송을 진행했습니다.

이런 방식은 정치 프로그램에서는 처음이었습니다. 반응이 몹시 좋았습니다. 샐리는 하룻밤 사이에 유명해졌고, 샐리의 프로그램은 미국에서 가장 인기 있는 정치 프로그램이 되었습니다. 샐리는 이렇게 말합니다.

"나는 평균 20개월에 한 번씩 해고를 당했습니다. 해고라면 입에서 신물이 납니다. 어떤 때는 내 인생이 끝난 것 같았습니다. 하지만 나는 이렇게 생각했습니다. 신이 지배할 수 있는 것은 나의 절반뿐이다. 내가 노력할수록 내가 지배하는 절반은 점점 커진다. 나는 언젠가 신을 이길 수 있을 것이다."

입에서 신물이 나다 어떤 것이 정말로 싫어서 지긋지긋하다는 뜻.
⋯▶ 이제 시험이라면 입에서 신물이 날 정도로 싫어졌어요.

입을 딱 벌리다

영화 〈록키〉의 실제 모델 - 척 웨프너

1975년 무하마드 알리는 세계 헤비급 챔피언 1차 방어전을 치르게 되었습니다. 상대는 40세의 이름도 알려지지 않은 '척 웨프너'.

"알리가 가지고 놀겠네. 몇 회에 KO시킬까?"

"아마 6라운드를 넘기기 힘들걸."

사람들은 모두 챔피언 알리가 일방적으로 이길 거라고 예상했습니다.

마침내 경기 시작. 척은 알리를 쫓아다니며 열심히 주먹을 뻗었습니다. 알리는 가벼운 스텝을 밟으며 척의 주먹을 피하고는 빠른 주먹으로 척의 얼굴을 때렸습니다. 하지만 척도 계속해서 알리를 공격했습니다.

9라운드, 척이 왼손 잽을 두 번 날린 다음, 오른손 훅을 알리의 배에 집어넣었습니다. 알리가 엉덩방아를 찧으며 뒤로 넘어지고 말았습니다. 1960년 프로로 데뷔한 뒤, 15년 동안 다운을 당한 적이 3~4차례밖에 없었던 알리를 척이 다운시킨 것입니다. 이 놀라운 광경에 관중석이 술렁였습니다. 6라운드도 못 버틸 거라고 예상했던 도박사들도 입을 딱 벌렸습니다.

하지만 척의 주먹은 알리를 KO시키기에는 위력이 약했습니다. 알리는 '나비처럼 날아 벌처럼 쏜다'는 자신의 말처럼 가벼운 스텝을 밟으며 날카롭고 빠른 주먹으로 척의 얼굴을 무자비하게 때렸습니다. 마지막 15라운드 19초를 남기고 척은 알리의 주먹을 더 이상 견뎌 내지 못하고 쓰러지고 말았습니다. 척의 코뼈는 내려앉아 있었고, 두 눈은 부어서 앞을 볼 수 없는 지경이었습니다.

어떻게 이름도 없던 선수가 무적의 챔피언 무하마드 알리와 15회까지 싸워서 버틸 수 있었을까요? 실베스터 스탤론 주연의 유명한 영화 〈록키〉는 바로 척 웨프너의 이야기랍니다.

입을 딱 벌리다 너무 기가 막혀 어이가 없어하거나 매우 놀라워한다는 뜻.
⋯▸ 용궁에 다녀왔다는 별주부의 말을 듣고 모두들 입을 딱 벌렸어요.

입을 맞추다

색깔을 못 보았던 과학자 – 존 돌턴

영국의 유명한 과학자 존 돌턴은 1766년 아주 작은 마을에서 태어났습니다. 초등학교밖에 다니지 못했지만, 부지런한 어머니를 닮아 혼자 힘으로 어려운 공부를 척척 해냈습니다.

어느 날, 돌턴은 어머니에게 선물로 주려고 비단 양말을 샀습니다. 그런데 어머니는 깜짝 놀라며 돌턴에게 물었습니다.

"왜 이런 빛깔을 골랐니? 이런 걸 신고 누굴 만나러 갈 수 있겠어?"

"왜요, 어머니? 회색이라서 점잖은 자리에도 신고 갈 수 있잖아요?"

"무슨 소리니? 이렇게 새빨간 색을 사 와 놓고서."

돌턴은 어머니 말이 이해가 되지 않았습니다. 자기 눈에는 분명히 회색으로 보였거든요. 그러자, 어머니는 고개를 갸우뚱하며 돌턴의 동생 조너선을 불렀습니다. 그런데 조너선도 돌턴과 입을 맞추기라도 한 듯이 회색이라고 말하는 것이었습니다. 어머니는 몹시 당황스러웠습니다.

하지만 시간이 지나자, 돌턴은 자기 눈에 이상이 있다는 것을 깨달았습니다. 그래서 자기가 죽고 나면 자기 눈을 검사해 달라고 친구 의사 랜섬에게 유언을 남겼습니다. 랜섬은 돌턴의 두 눈 중 하나는 직접 관찰하고 나머지 하나는 썩지 않도록 보존했습니다.

그리고 나서 200년 뒤, 현대의 과학자들은 돌턴이 색깔을 잘 구별하지 못하는 색맹이었다는 것을 밝혀 냈습니다. 돌턴 덕분에 색맹에 대해서 알게 된 것이지요. 그래서 색맹을 영어로, 돌턴의 이름을 따 '돌터니즘'이라고 부른답니다.

입을 맞추다 서로의 말이 똑같도록 미리 짠다는 뜻.
⋯▶ 우리가 했다는 사실이 들키지 않으려면 우리가 입을 맞춰야만 해.

입을 모으다

오직 당신뿐이라는 마음으로 - 빌 클린턴

미국의 42대 대통령 빌 클린턴에 대해서는 여러 사람들이 입을 모아 말합니다. 아무리 적대적이던 사람들도 클린턴을 한번 만나고 나면 클린턴의 친구가 된다는 것입니다. 한 언론사 간부가 '정말로 그럴까? 어떻게 하길래 그렇게 될까?' 하고 호기심을 느끼게 되었습니다.

이 간부는 클린턴에게 인터뷰를 요청했습니다. 이 간부는 20분 동안 클린턴과 단 둘이만 만나서 이야기를 할 수 있었습니다. 인터뷰가 끝나고 나서 이 간부가 말했습니다.

"클린턴은 미국의 대통령입니다. 세계에서 가장 바쁜 사람이지요. 그런데 인터뷰를 하는 20분 동안 클린턴은 마치 이 세상에 나밖에 없다는 듯이 나를 대해 주었습니다. 자기에게 가장 소중한 것은 오로지 '나를 만나서 이야기하는 것'이라는 듯이 말입니다."

상대방이 세상에는 오직 '나뿐'인 것처럼 나를 대해 준다면, 누가 그 사람을 따르지 않겠습니까? 클린턴은 그래서 친구가 많습니다.

클린턴이 한번은 간첩으로 몰려 붙잡힌 사람을 구하기 위해 북한을 찾은 적이 있습니다. 미국 정부에서는 이 일이 클린턴의 개인적 활동이기 때문에 아무런 도움도 줄 수 없다고 했습니다. 북한에 가는 데에 들어가는 돈 모두를 클린턴이 마련해야 했던 것이지요.

그러자 다우케미컬의 최고 경영자 앤드루 리버리스가 클린턴을 뉴욕에 있는 클린턴의 집에서 캘리포니아까지 비행기로 태워다 주었습니다. 캘리포니아에서 북한까지는 할리우드의 영화 제작자 스티브 빙이 마련한 보잉 737 비행기를 이용했습니다. 이외에도 수많은 사람들이 클린턴의 북한 방문을 도와주었다고 합니다.

입을 모으다 여러 사람이 같은 의견을 말한다는 뜻.
⋯▶ 다이어트를 심하게 하면 건강을 해친다고 의사들은 입을 모아 말하지요.

입이 귀밑까지 찢어지다

다른 사람의 이름을 기억하라 – 프랭클린 루스벨트

프랭클린 루스벨트는 소아마비에 걸려 휠체어를 타고 다녔지만 네 번이나 미국 대통령에 당선된 사람입니다. 루스벨트는 사람 이름을 잘 기억하기로 유명했습니다. 딱 한 번 만난 사람의 이름이라도 기억해 두었다가, 다음에 다시 만나면 그 사람의 이름을 부르며 친근하게 대했습니다.

한번은 백악관에서 루스벨트를 위해 특수차를 주문한 적이 있습니다. 크라이슬러 자동차 회사에서 특수차를 만들었던 챔벌레인은 다음과 같이 말합니다.

"저는 루스벨트 대통령에게 특수차 운전법을 가르쳐 드렸습니다. 제가 백악관을 다시 찾았을 때 루스벨트 대통령은 제 이름을 불러 주었습니다. 정말 기뻤습니다.

'챔벌레인 씨, 이 차를 개발하시느라 정말 애쓰셨습니

다. 정말 훌륭합니다.'

그때 다른 기계공도 한 명 있었는데, 그 사람은 매우 수줍은 성격이었기 때문에 대통령과 아무런 이야기도 나누지 못했습니다. 대통령 역시 처음 소개받을 때 그 기계공의 이름을 딱 한 번 들었을 뿐입니다. 그런데도 우리가 백악관을 떠나려 할 때 루스벨트 대통령은 그 기계공을 찾더니 이름을 부르면서 와 주어서 고맙다는 말과 함께 악수를 나누는 것이었습니다.

그리고 얼마 후, 루스벨트 대통령이 직접 쓴 감사 편지가 회사로 배달되었습니다. 우리 두 사람은 너무 기뻐서 입이 귀밑까지 찢어졌지요."

루스벨트는 아주 인기가 많았습니다. 그 비결은 의외로 간단합니다. 그것은 바로 사람들의 이름을 기억하는 것입니다. 사람은 누구나 자신의 이름을 기억해 주는 사람을 좋아합니다. 좋은 사람을 많이 사귀려면 이름을 잘 기억해 두었다가 그 사람의 이름을 불러 주세요.

입이 귀밑까지 찢어지다 기쁘거나 즐거워 입이 크게 벌어진다는 뜻.
⋯▸ 생일 선물로 로봇을 받은 동생은 입이 귀밑까지 찢어졌어요.

줄행랑을 치다

벼룩의 자신감 – 루이저 로스차일드

벼룩은 자기 키의 수십 배가 넘는 높이를 뛸 수 있는 높이뛰기 선수입니다. 사람으로 치면 몇십 층짜리 빌딩을 뛰어넘는 셈이지요. 미국의 곤충학자인 루이저 로스차일드 박사가 어느 날, 벼룩을 가지고 작은 실험을 했습니다.

박사는 벼룩 몇십 마리를 커다란 유리그릇에 넣은 뒤, 덮개를 덮었습니다. 그러자, 벼룩들은 유리그릇에서 빠져 나가려고 모두 한꺼번에 뛰기 시작했습니다. 유리 덮개에 부딪히는 소리가 끊이지 않았습니다. 한참이 지나자 소리가 잦아들었습니다. 박사는 그제야 유리 덮개를 열었습니다.

벼룩들은 여전히 위쪽으로 힘차게 높이뛰기를 하고 있었습니다. 그런데 놀랍게도 어느 한 녀석도 유리 덮개가 있던 높이 이상으로 뛰어오르지는 못했습니다.

박사는 한 가지 실험을 더 해 보기로 했습니다. 알코올램프에 불을 붙인 다음, 벼룩이 들어 있는 유리그릇 아래쪽을 뜨겁게 달구었습니다. 그러자, 채 5분도 안 되어 벼룩들은 다시 힘차게 뛰기 시작했습니다. 그리고 이번에는 한 마리도 빠짐없이 유리그릇을 훌쩍 뛰어넘어 줄행랑을 쳤습니다.

　'나는 못할 거야.'라고 생각하면 자기가 가지고 있는 능력도 제대로 발휘하지 못합니다. 그것은 벼룩이나 사람이나 마찬가지입니다. 자기가 본래 가지고 있는 능력을 충분히 발휘하고 싶으면 '나는 할 수 있어.'라고 자기 자신을 믿어야 합니다.

줄행랑을 치다 매우 급하게 도망을 친다는 뜻.
⋯▸ 호랑이를 본 아낙은 보따리도 모두 팽개치고 줄행랑을 쳤습니다.

찬물을 끼얹다

갖지 못한 것을 보지 말고, 가진 것을 보라 - 황메이리엔

황메이리엔은 어렸을 때 뇌성마비를 앓았습니다. 몸은 뒤뚱거리고, 팔다리는 맘대로 움직일 수도 없으며, 입으로는 계속 알아들을 수 없는 말들을 중얼거렸습니다. 그 기이한 모습에 사람들은 깜짝 놀라서 도망을 쳤습니다. 황메이리엔에게는 아무 희망도 없을 것 같았습니다.

그러나 황메이리엔은 피나는 노력으로 미국의 캘리포니아 대학에 들어갔습니다. 공부도 열심히 해서 예술학 박사가 되었습니다. 자신의 감정을 솔직하게 표현해 낸 황메이리엔은 중국의 유명한 화가가 되었습니다.

어느 날, 강연회에서 한 중학생이 황메이리엔에게 물었습니다.

"황 박사님, 박사님은 어렸을 때부터 줄곧 지금과 같은 모습으로 살았습니다. 자기 자신에 대해 어떻게 생각하십니까?"

찬물을 끼얹은 듯 강연회장이 갑자기 조용해졌습니다. 그 자리에 있던 사람들은 모두 이 학생을 쳐다봤습니다. 어쩌면 저런 질문을 할 수 있을까, 욕하는 눈치였습니다. 그러나 황메이리엔은 아무렇지도 않게 칠판에 써 내려갔습니다.

1. 나는 정말 사랑스럽습니다.
2. 나는 길고 아름다운 다리를 가졌습니다.
3. 나에게는 나를 너무나 사랑해 주시는 부모님이 계십니다.
4. 나는 그림을 잘 그리고 글도 잘 씁니다.
5. 나에게는 귀여운 고양이 한 마리가 있습니다.

그리고 마지막에는 이렇게 썼습니다.

"나는 내가 갖지 못한 것이 아니라 내가 가진 것을 봅니다."

찬물을 끼얹다　잘되어 가고 있는 일에 뛰어들어 분위기를 흐릴 때 쓰는 말.

⋯▶ 사람들이 즐겁게 놀고 있는데, 그 사람이 소리를 지르며 찬물을 끼얹었다.

코웃음을 치다

성실한 정치가 – 찰스 제임스 폭스

찰스 제임스 폭스가 한 대학에서 강연을 하게 되었습니다. 학생들이 물었습니다.

"정치가들은 모두 사기꾼입니다. 선생도 정치가로서 거짓말을 한 적이 있겠지요?"

"한 번도 없습니다."

그러자 학생들이 코웃음을 쳤습니다. 폭스가 말했습니다.

"옛날이야기 하나 하지요. 하루는 아버지가 정원에 있는 낡은 오두막을 보고 말했습니다."

"너무 낡았어. 오늘 저 오두막을 허물어야겠구나."

아버지의 말을 듣고, 아들이 부탁했습니다.

"오두막을 어떻게 허무는지 보고 싶어요. 제가 학교 갔다 온 뒤에 허물어요."

아버지는 그러마고 약속했습니다. 그런데 아들이 돌

와 보니 오두막은 이미 허물어지고 없었습니다.

"아버지는 제게 거짓말을 했군요."

"미안하구나. 약속은 꼭 지켜야지."

아버지는 일꾼을 다시 불러서 오두막을 그대로 다시 짓게 했습니다. 오두막이 다 지어지자 아버지가 아들이 보는 데에서 말했습니다.

"이제 다시 허물어 주게."

아버지는 부자가 아니었지만 아들과 한 약속을 지키기 위해 오두막을 다시 지었습니다. 그래서 아들은 누구보다 성실한 사람으로 자라 나중에는 영국의 외무 장관이 되었습니다.

학생들이 물었습니다. "그 사람들이 누구입니까? 분명 성실한 사람일 것입니다."

폭스가 대답했습니다. "아버지는 세상을 떠났고, 아들은 지금 여러분 앞에 서 있습니다."

코웃음을 치다 남을 깔보고 비웃는다는 뜻.

⋯▶ 나는 상대편이 으스대는 것을 보고 속으로 코웃음을 쳤습니다.

콧방귀를 뀌다

실패가 가져온 성공 – 실버와 프라이

1968년 3M에서 일하던 스펜서 실버 박사는 어떤 접착제보다 더 강력한 접착제를 개발하려고 이미 2년간이나 애쓰고 있었습니다. 그런데 마지막으로 개발한 접착제는 정말이지 실망스러운 것이었습니다. 더 강력하기는커녕 너무 힘이 없었습니다. 접착제를 바른 종이는 어디나 잘 붙기는 했지만, 손으로 떼면 금방 떨어져 버렸으니까요.

'흥, 붙지도 않는 접착제를 무엇에 쓴담!'

동료들은 모두 **콧방귀를 뀌었습니다**. 그 가운데는 아트 프라이라는 선배 직원도 끼어 있었습니다.

아트는 교회의 성가대원이었습니다. 그런데 찬송가를 손에 들고 열심히 노래를 부르다 보면 책갈피가 바닥으로 떨어지는 통에 다음에 부를 노래를 찾지 못해 곤란한 적이 한두 번이 아니었습니다.

5년이 지난 어느 날도 찬송가에서 책갈피가 흘러내렸습니다. 아트는 문득 스펜서가 개발한 접착제 생각이 났습니다. 아트는 회사 실험실 창고로 달려가 그 접착제를 찾아 메모지에 발랐습니다. 그리고 그 메모지를 찬송가에 붙여 보았습니다. 잘 떨어지지 않았습니다. 손으로 다시 떼 보았습니다. 찬송가는 조금도 찢어지지 않고 메모지만 깨끗하게 떨어졌습니다.

　"바로 이거야!"

　이렇게 해서 20세기 10대 발명품 가운데 하나라는 '포스트잇'이 탄생했습니다. 아트와 스펜서는 포스트잇 샘플을 만들어 사람들에게 나누어 주었습니다. 사람들은 포스트잇이 무엇에 쓰는 물건인지 즉시 알아차렸습니다. 포스트잇을 써 본 사람들의 90% 이상이 사겠다고 답하며 뜨거운 반응을 보였습니다.

콧방귀를 뀌다　아니꼽거나 못마땅하여 남의 말이나 행동에 대꾸를 안 할 때 쓰는 말.

⋯▶ 현우는 점쟁이의 말이라면 콧방귀부터 뀌었어요.

풀이 죽다

잘못을 했으면 책임을 져야 한다 – 로널드 레이건

11살 소년이 축구를 하다가 이웃집 유리창을 깨고 말았습니다. 이웃집 아주머니는 유리창 값으로 소년에게 12달러 5센트를 내라고 했습니다. 12달러 5센트는 암탉 125마리를 살 수 있는 큰돈이었습니다.

소년은 하는 수 없이 아버지에게 말했습니다. 그러자, 아버지가 말했습니다.

"잘못을 했으면 책임을 져야지. 잘못을 하고도 책임을 지지 않는 사람은 쓸모없는 사람이다."

소년이 풀이 죽은 목소리로 말했습니다.

"하지만 저에게는 그렇게 큰돈이 없는걸요."

아버지가 12달러 5센트를 꺼내어 주며 다시 말했습니다.

"이 돈을 너에게 빌려 주마. 하지만 1년 후에는 반드시 갚아야 한다."

이날부터 소년은 고된 아르바이트를 시작했고, 반년 만에 자신에게는 엄청나게 큰돈이었던 12달러 5센트를 모아 아버지에게 돌려드릴 수 있었습니다.

이 소년이 바로 훗날 미국의 대통령이 된 로널드 레이건입니다. 로널드는 어린 시절을 돌아볼 때마다 말하곤 했습니다.

"그때 아버지의 그 말씀은 내 인생에 큰 영향을 주었습니다. 일을 해서라도 나의 잘못을 책임지게 하신 아버지 덕분에 나는 '책임'이 무엇인지 확실히 깨닫게 되었습니다."

풀이 죽다 걱정이나 근심 때문에 힘이 없는 모습을 가리키는 말.
⋯ 소년은 풀이 죽어서 아무 일도 못하고 있었지요.

피가 마르다

희망을 준 경찰 – 강남 경찰서 방범 순찰대

2015년 봄, 서울 경찰청 게시판에 한 통의 사연이 올라왔습니다. '정말 눈물 나도록 너무너무 고맙습니다. 평생 감사하며 살겠습니다. 박은주 올림.'

박은주 씨의 오빠는 2014년 10월부터 급성 골수성 백혈병을 앓고 있었습니다. 그런데 치료를 받던 중 상태가 나빠져서 한 달 안에 백혈구를 수혈받아야 했습니다. 의사 선생님은 적어도 다섯 명에게 백혈구 수혈을 받아야 골수 이식 수술을 받을 수 있다고 했습니다. 마른하늘에 날벼락 같은 말이었습니다.

백혈구 수혈을 하기 위해서는 적어도 세 번 이상 병원을 찾아가 사전 검사도 받아야 하고 촉진제도 맞아야 합니다. 다른 친척들은 모두 경남에 있었고, 박은주 씨 오빠 가족만 서울에 머물고 있는 상황이었습니다. 겨우 한 달밖에 시간이 없는데 도와줄 수 있는 사람을 찾기란 하늘의 별 따기였습니다.

박은주 씨는 여기 저기 알아본 끝에 겨우 아는 사람 네 명에게서 수혈을 받았습니다. 하지만 마지막 한 명은 더 이상 찾을 수 없었습니다. 더 이상 부탁할 곳이 없었습니다. 피가 마를 지경이었습니다. 박은주 씨는 무작정 강남 경찰서에 전화를 했습니다.

전화를 받은 방범 순찰대 류유석 경위는 박은주 씨의 딱한 사정을 듣고 흔쾌히 도움을 주기로 약속했습니다. 다른 의경들 네 명도 기꺼이 수혈을 해 주겠다며 함께 서울 성모 병원을 찾았습니다.

먼저 이재연 이경이 백혈구 수혈을 했습니다.

"누구라도 그런 상황에 처한 이웃을 보면 도울 것이라고 생각합니다."

다른 의경들도 수혈이 더 필요하면 언제든 팔을 걷어붙이겠다고 했습니다. 우리 이웃에게 희망을 불어넣어 준 경찰관들에게 박수를 보냅니다.

피가 마르다 몹시 괴롭거나 애가 탄다는 뜻.

⋯ 마루 밑에 숨은 독립군은 혹시라도 들키지 않을까 피가 마르는 것 같았습니다.

하늘이 캄캄하다

죽음을 살리는 포옹 – 시드니의 한 엄마

2010년 3월, 호주 시드니에서 귀여운 쌍둥이 남매가 태어났습니다. 그런데 아이들이 태어난 지 20분 만에 의사가 말했습니다.

"안타깝게도… 한 아이는 숨이 멎었습니다."

하늘이 캄캄했습니다. 몸무게가 1킬로그램도 안 나가던 작은 아이가 엄마 곁을 떠난 것입니다.

"한 번만 안아 봐도 될까요?"

엄마는 환자복을 벗고 맨몸으로 축 처진 작은 아이를 가슴에 꼭 껴안았습니다. 엄마는 아이와 작별 인사를 나누기 시작했습니다.

"엄마의 심장 소리가 들리니? 엄마는 너를 많이 사랑한단다."

그렇게 두 시간이 지났습니다. 이게 무슨 일일까요? 죽었다고 믿었던 아이의 몸이 움찔하고 움직였습니다.

이 말을 듣고 의사가 급히 달려왔습니다. 하지만 의사는 금세 고개를 저었습니다.

"숨진 아이의 반사 행동일 뿐입니다."

의사가 그렇게 말했지만 엄마는 포기할 수 없었습니다. 엄마는 아이를 품에 안은 채 아이 입에 젖을 물렸습니다. 그러자 기적이 일어났습니다. 아이가 감고 있던 눈을 뜨더니 작은 손을 뻗어 엄마의 손가락을 잡은 것입니다.

"어머니의 포옹으로 숨진 아이가 기적처럼 살아났다."

신문 기사에서는 그렇게 이 사건을 알렸습니다. 콩닥콩닥 심장과 심장이 만나는 소리, 바로 그 소리에서 기적이 일어난 것입니다. '사람을 또는 사람끼리 품에 껴안음. 남을 아량으로 너그럽게 품어 줌.' 국어사전에 나와 있는 '포옹'이란 낱말의 뜻입니다.

하늘이 캄캄하다 큰 충격을 받아 정신이 아찔할 때 쓰는 말.
⋯▶ 오늘 안으로 밭을 다 매야 한다니, 콩쥐는 하늘이 캄캄했어요.

한술 더 뜨다

고향을 떠난 알제리 여성 – 하시바 불메르카

"제 고향은 알제리입니다. 하지만 전 이제 고향에 마음 놓고 갈 수 없어요. 고향에는 저를 가만히 두지 않겠다는 사람들이 많기 때문이에요. 이유는 단 하나, 제가 맨 다리를 드러내 놓고 달렸기 때문이랍니다."

하시바 불메르카는 알제리의 여자 달리기 선수입니다. 그런데 하시바가 올림픽에 나가려 하자, 많은 사람들이 하시바를 욕했습니다. 한술 더 떠서 죽이겠다고 협박하는 사람도 있었습니다.

'온 천하에 다리를 드러내고 달린다니 미쳤군.'

'생각만 해도 수치스럽다.'

'우리 종교를 모독하다니, 달리는 즉시 죽여 버리겠다.'

하시바는 결국 올림픽에 나가는 것을 포기하려고 했습니다. 그때, 아버지가 하시바 앞에 반바지와 운동화를 꺼내 놓았습니다.

"나는 누가 뭐래도 네 편이다. 한번 힘차게 달려 봐라."

1992년 바르셀로나 올림픽, 하시바는 힘껏 달렸습니다. 하늘은 하시바의 편을 들어주었습니다. 여자 육상 1,500미터에서 금메달을 땄습니다. 아랍 출신으로서는 처음이었습니다.

"여기까지 오기가 쉽지 않았습니다. 나의 승리가 올림픽에서 다른 아랍 여성들이 뛸 수 있는 계기가 된 거 같아 매우 기뻐요."

올림픽이 끝난 후, 하시바는 결국 다른 나라로 피해서 살 수밖에 없었습니다. 하시바는 지금도 아랍 여성 선수들을 위해 힘쓰고 있습니다. 끝까지 자기를 응원해 준 아버지를 생각하면서 자기도 다른 선수들을 응원하고 있는 것이지요.

한술 더 뜨다 이미 잘못되어 있는 일에 더해 더 잘못된 짓을 한다는 뜻.

⋯▶ 철이는 잘못했다고 빌기는커녕 한술 더 떠서 내게 화를 냈어요.

혀를 내두르다

시련은 있어도 실패는 없다 – 정주영

부두에서 막노동을 하던 시절, 정주영은 다른 노동자들과 함께 합숙소에서 잠을 잤습니다. 합숙소에는 빈대가 무척 많았습니다. 빈대는 밤에 활동하면서 사람의 피를 빨아 먹고 사는 곤충입니다. 빈대에게 물리면 정말이지 너무나 간지럽답니다. 아무리 피곤한 몸으로 깊이 잠이 들었더라도 빈대에게 물리면 잠을 잘 수가 없었습니다.

정주영은 빈대를 피하기 위해 아이디어를 하나 냈습니다. 네 개의 물그릇에 상다리를 담가 놓고 상 위에 올라가 잠을 자기로 한 거지요. 처음 며칠은 잠을 편하게 잘 수 있었습니다. 그런데 며칠이 지나지 않아 다시 빈대에게 시달려 밤잠을 이룰 수가 없었습니다.

'이게 어떻게 된 일이야?'

빈대가 상 위까지 기어오를 수는 없을 텐데, 어찌 된

일인지 알 수가 없었습니다. 정주영은 빈대들이 어떡하나 찬찬히 살펴보았습니다. 그랬더니 빈대들이 벽을 타고 천장으로 올라간 다음, 천장에서 아래에 있는 사람 몸 위로 뛰어내리는 것이었습니다.

이것을 보고 정주영은 혀를 내둘렀습니다.

'빈대도 살기 위해서 머리를 저렇게 쓰는데, 사람이 노력하면 이루지 못할 일이 뭐가 있겠는가?'

정주영은 이때부터 실패할 수도 있다는 생각을 버렸다고 합니다.

"내가 살아 있는 한 실패는 없다. 내가 살아 있고 건강하다면 시련은 있을지언정 실패는 없다."

혀를 내두르다 몹시 놀라거나 어이가 없어서 말을 못할 때 쓰는 말.
⋯ 조그만 아이가 힘이 장사라며 동네 어른들이 모두 혀를 내둘렀어요.

혀를 내밀다

깨진 유리창의 법칙 – 데이비드 건

비어 있는 건물의 유리창이 하나 깨집니다. 건물 주인은 귀찮아서 깨진 유리창을 그냥 내버려 둡니다. 그럼 사람들이 다른 유리창에도 돌을 던지고 건물 벽에 낙서를 하기 시작합니다. 건물은 금세 쓰레기장으로 변하고 맙니다. 조지 켈링이라는 범죄학자가 발견한 '깨진 유리창의 법칙'이라는 것입니다.

1980년대 미국 뉴욕의 지하철은 소름끼치는 곳이었습니다. 역사와 열차는 온통 낙서로 도배가 되어 있었고, 돈을 내지 않고 지하철을 타는 사람이 하루 25만 명이 넘었습니다. 살인이나 강도 같은 강력 범죄가 1년에 15,000건이나 일어났습니다. 아무리 경찰을 동원해서 단속해 보아도 아무 소용이 없었습니다.

1980년대 중반, 뉴욕시에서는 켈링을 지하철 고문으로 고용했습니다. 켈링은 '깨진 유리창의 법칙' 이론에 따라 작은 것부터 실천에 옮겨야 한다고 말했습니다.

"지하철의 낙서부터 지우시오."

다른 사람들은 살인과 강도가 판을 치는 마당에 낙서를 지우는 일이 무슨 소용이 있을까 하고 혀를 내밀었지만, 지하철 소장 데이비드 건은 켈링과 생각이 같았습니다.

"낙서와의 싸움에서 이겨야 합니다. 그러지 않으면 아무런 변화도 생기지 않을 거요."

낙서 전담반이 설치되고 낙서 지우기가 시작되었습니다. 열차가 종착역에 도착하면 그 사이에 누군가 낙서해 놓은 것들을 다시 지웠습니다. 지저분한 열차는 절대로 운행하지 않았습니다. 이런 싸움을 2년 넘게 했습니다.

그러자 놀라운 일이 벌어졌습니다. 범죄 발생 건수가 절반 넘게 줄어든 것입니다. 악명 높았던 뉴욕의 지하철이 사소한 낙서 지우기 덕분에 깨끗하고 안전한 지하철로 탈바꿈한 것입니다.

혀를 내밀다 남을 비웃을 때 쓰는 말.
⋯ 못된 반장이 나가자 직원들은 혀를 내밀며 반장을 욕했어요.

주제별 목차

믿음

'나는 점점 더 좋아지고 있다.' 에밀 쿠에	32
앞을 못 보는 가수 스티비 원더	40
행복의 발견 리처드 와이즈먼	56
고요한 밤, 거룩한 밤 요제프 모어와 프란츠 그루버	82
한 사람을 250명처럼 대하라 조 지라드	96
나 아니라도 된다 토머스 왓슨	112
격려에 대한 보답 토머스 에디슨과 헨리 포드	128
리더십의 황제를 만든 가정 교육 잭 웰치	130
최초의 흑인 주지사 로저 롤스	136

공감과 배려

불행을 이해하기 세바스치앙 살가두	16
배려하는 마음이 가져다 준 것 미우라 아야코	18
상대의 고통을 가슴으로 끌어안다 오프라 윈프리	22
말이 씨가 된다 에드워드 데밍	36
듣고 또 들어라 제프 킨들러	42
길은 잃어도 사람은 잃지 마라 마쓰시타 고노스케	58
누구나 자기 이름은 소중하다 앤드류 카네기	102
유명한 팔씨름 시합 커트 허월드와 허브 켈러허	114
화합과 통합의 대통령 버락 오바마	120
최고의 서비스, 한 알의 포도 다카시마야 백화점	124
관심과 배려 시어도어 루스벨트	134
대접받고 싶은 대로 대우하라 메리 케이 애시	138
색깔을 못 보았던 과학자 존 돌턴	146
오직 당신뿐이라는 마음으로 빌 클린턴	148
다른 사람의 이름을 기억하라 프랭클린 루스벨트	150

용기와 자신감		
다리 없는 미녀	에이미 멀린스	20
자기 뜻대로 산다는 것은	우피 골드버그	50
가장 즐거운 일	데이비드 커닝스	62
자기 힘으로 하라	데니스 웨이틀리	66
붉은색 옷을 입어라	앤드류 카네기	68
알로호모라!	조앤 롤링	104
나는 더 이상 장애인이 아니다	레나 마리아	106
하고 싶은 일을 하라	스티브 잡스	122
내일 일을 염려하지 마라	윌리엄 오슬러	132
벼룩의 자신감	루이저 로스차일드	152
갖지 못한 것을 보지 말고, 가진 것을 보라	황메이리엔	154
고향을 떠난 알제리 여성	하시바 불메르카	166

사랑과 존중		
편지로 마음을 열어라	반기문	38
장난감 중의 장난감	키르크 크리스티안센	48
인기 좋은 곰 인형, 테디 베어	시어도어 루스벨트	76
저 사람들을 위해 할 수 있는 일이 무엇일까?	윌리엄 문	86
소록도 천사 할머니	마리아네 스퇴거와 마르깃 피사레크	88
루돌프 사슴 코	로버트 메이	90
도움을 줄 사람을 찾아라	워런 버핏	92
주인의 목소리	프랜시스 바로와 니퍼	108
희망을 준 경찰	강남 경찰서 방범 순찰대	162
죽음을 살리는 포옹	시드니의 한 엄마	164

성실과 노력

뜻이 있는 곳에 길이 있다 로버트 크랜들	10
아름다운 나비 장 크레티앙	14
150%의 노력 카를로스 산타나	26
37세가 되어서야 벗어난 지옥 마르틴 팔레르모	30
챔피언의 비밀 무기 야마다 혼이치	34
인품을 가꿔 나가라 벤저민 플랭클린	54
최선을 다한다는 것 지미 카터	60
5억 달러를 아낀 용접제 한 방울 존 록펠러	72
하나만을 생각하라 이나모리 가즈오	74
총리를 아들로 둔 노점상 추안 릭파이의 어머니	84
메기 효과 노르웨이의 어부	126
최고의 사회자 샐리 제시 라파엘	142
성실한 정치가 찰스 제임스 폭스	156
잘못을 했으면 책임을 져야 한다 로널드 레이건	160
시련은 있어도 실패는 없다 정주영	168

끈기		
	좋은 사람을 찾아라 빌 게이츠와 아눕 굽타	24
	인생의 멘토를 찾아라 손정의	46
	사막을 숲으로 만든 여자 인위쩐	52
	누구든지 만날 수 있다 폴 마이어	78
	모든 아픔을 이겨 낸 헐크 마크 러팔로	94
	다치고, 상처 받고, 그래도 나는 다시 닉 부이치치	98
	나이는 숫자에 불과하다 커넬 샌더스	100
	끈기가 곧 신용이다 후지타 덴	116
	포기할 줄 모르는 사람 에이브러햄 링컨	140
	깨진 유리창의 법칙 데이비드 건	170

도전		
	색깔을 보지 못하는 화가 닐 하르비손	12
	종이돈에 실린 거북선 정주영	28
	4분 벽을 넘은 사나이 로저 베니스터	44
	짜장면 스티커 지영근과 임지원	64
	시간은 내는 것 올브라이트 캉	70
	아프리카의 옥수수 추장 김순권	80
	도전하라, 겁이 나더라도 찰스 허버트 베스트	110
	길은 하나만 있는 게 아니다 엘자 스키아파렐리	118
	영화 〈록키〉의 실제 모델 척 웨프너	144
	실패가 가져온 성공 실버와 프라이	158

글 정재윤

서울대학교 국어교육과를 졸업한 뒤 독일 쾰른대학교에서 일반언어학을 공부했다. 이후 출판사에 근무하면서 출판 기획과 번역을 했다. 수많은 글을 읽고 쓰면서 좀 더 효과적인 표현이 어떤 것일까, 늘 고민해 왔다. '관용어'에 관해 공부한 것도 그 일환이라 하겠다.
지은 책으로 《영화 즐기기》, 《틀리기 쉬운 우리말 바로 쓰기》, 《14살에 시작하는 처음 심리학》, 《말과 글을 살리는 문법의 힘》이 있으며 옮긴 책으로는 《쓸모없는 여자》, 《모두가 행복한 지구촌을 위한 가치 사전》, 《모든 책을 읽어 버린 소년, 벤저민 프랭클린》, 《커피는 과학이다》, 《글쓰기에 지친 이들을 위한 창작교실》 등이 있다.

*이 책은 한국출판문화산업진흥원의 출판콘텐츠 창작자금을 지원받아 제작되었습니다.

천천히읽는책_12

초등필수어휘 우리말 관용어

정재윤 지음

펴낸날 2017년 3월 10일 초판1쇄 | 2022년 1월 10일 초판4쇄
펴낸이 김남호 | 펴낸곳 현북스
출판등록일 2010년 11월 11일 | 제313-2010-333호
주소 07207 서울시 영등포구 양평로 157, 투웨니퍼스트밸리 801호
전화 02)3141-7277 | 팩스 02)3141-7278
홈페이지 http://www.hyunbooks.co.kr | 인스타그램 hyunbooks
ISBN 979-11-5741-086-6 73810

편집 전은남 노계순 | 디자인 박세정 김영미 | 마케팅 송유근 함지숙

글 ⓒ 정재윤, 2017
이 책은 저작권법에 의하여 보호를 받는 저작물이므로 무단 전재 및 복제를 금지하며,
이 책 내용의 전부 또는 일부를 이용하려면 반드시 저작권자와 현북스의 허락을 받아야 합니다.

⚠주의 종이에 베이거나 긁히지 않도록 조심하세요. 책 모서리가 날카로우니 던지거나 떨어뜨리지 마세요.